LICHTSCHLAG 56

Autoren: Robert Lawson, Benjamin Powell

Ins Deutsche übersetzt von Andreas Tank

LICHTSCHLAG NR. 56
© Natalia Lichtschlag Buchverlag Grevenbroich 2020
Alle Rechte vorbehalten.
Umschlag: Lichtschlag Medien Meerbusch
Printed in Germany.

ISBN: 978-3-939562-98-6

Robert Lawson und Benjamin Powell

Sozialismus ist zum Kotzen

Zwei Ökonomen trinken sich durch die unfreie Welt

Meinungen zu
Sozialismus ist zum Kotzen

„Was für eine fesselnde Idee ‚Sozialismus ist zum Kotzen' innewohnt! Ein weltweiter Reiseführer, geschrieben in schlichter Sprache, von zwei Spitzenökonomen. Eine Invasion auf die am höchsten regulierten Hot Spots der Welt, wo man nicht mal so etwas Einfaches und Liebenswertes wie Bier effizient produzieren oder verteilen kann. Eine am Boden gebliebene, beinahe fabelgleiche Lektion zeigt das Scheitern des Sozialismus für die ganze Welt. Es wurde sogar etwas zwerchfellerschütternde Heiterkeit hineingeworfen. Ich wusste bereits, dass die Jungs großartig sind; aber diese Seite von ihnen kannte ich noch nicht. Kauft dieses Buch! Gebt es euren Kindern und Enkelkindern und jedem, der den – in manchen Kreisen inzwischen modisch gewordenen – Nonsens propagiert, dass Staatsmacht in irgendeiner Art und Weise glücklicher macht als persönliche Freiheit.“

Richter Andrew P. Napolitano,
leitender juristischer Analyst für Fox News

„Jedes Land, das den Sozialismus betritt, wird elender; jedes Land, das ihn verlässt, gedeiht; dies ist die Lektion der Geschichte bisher. Robert Lawsons und Ben Powells unbeschwertes Buch hämmert einem diese Botschaft auf erfrischend lesbare Art ein. Von der Verelendung Venezuelas bis zur Befreiung Georgiens stellen die Autoren jeden Sozialisten, Ex-Sozialisten, Halb-Sozialisten und wahrscheinlich jedes sozialistische Experiment, Bier für Bier, auf die Probe.“

Matt Ridley,
Autor von „The Evolution of Everything"

4

„Die Professoren Robert Lawson und Benjamin Powell betreiben den Beruf einer Leibgarde, indem sie beweisen, dass Sozialismus zum Kotzen ist, der geeignete Titel für ihr neues Buch. Sie zeigen, warum es keine Massenflucht in Länder wie Venezuela oder Kuba oder andere sozialistische Lieblinge der amerikanischen Linken gibt. Darüber hinaus beweisen Lawson und Powell, über einer Reihe Getränken, dass Schweden nicht so sozialistisch ist, wie es von unseren Linken porträtiert wird."

Walter E. Williams, Wirtschaftsprofessor,
George-Mason-Universität

„In der Theorie ist Sozialismus zum Kotzen, und Ökonomen wissen, wieso. Hier sind zwei Ökonomen, die sich weit aus dem Elfenbeinturm gewagt haben, um in der Praxis herauszufinden, dass die Theorie korrekt ist. Dies ist die tragische Geschichte der Massenverelendung im Namen einer wahnsinnigen Idee, erzählt mit Sympathie, Einsicht und einer nicht geringen Menge schwarzen Humors. Lesen Sie und weinen Sie; lesen Sie und lachen Sie; lesen Sie und lernen Sie."

Steven Landsburg,
Wirtschaftsprofessor, Universität von Rochester,
und Autor des „Armchair Economist"

„Was ist ‚Sozialismus'? Und wachen Länder, die ihm verfallen sind, mit schwerem Kater auf? Darauf können Sie wetten! Robert Lawson und Benjamin Powell verpassen Ihnen das Konterbier. Sie stellen Ihnen eine Dosis politisch-wirtschaftliches Fachwissen gemischt mit einem Verständnis über die Vorteile wirtschaftlicher Freiheit zur Verfügung, fügen einen Schuss schwarzen Humor hinzu und setzen als Sahnehäubchen ein kaltes Bier obendrauf. Gönnen Sie sich einen Bob-und-Ben-Augenöffner, und Sie fühlen sich (und leben an einem Ort, wo Sie es machen können) wie eine Million Dollar!"

P. J. O'Rourke,
Autor der Nummer-eins-„New York Times"-Bestseller
„Parliament of Whores" und „Holidays in Hell"

5

Für Tracy, Lisa, Keri und Raymond

In Dankbarkeit für Eure Geduld bei unseren Reisen

Inhalt

Vorwort

Im Jahr 2013 war Venezuela das Musterbeispiel für Sozialismus. Das Land war der Maßstab, nach dem Prominente und Politikons die Wirtschaft der Vereinigten Staaten bewerteten und herausfanden, dass das genau das war, was sie wollten.

Auf Salon.com ließ David Sirota uns wissen: Ja, das ist Sozialismus, und ja, genau das sollten die Amerikaner anstreben. Der venezolanische Präsident Hugo Chávez, erzählte Sirota, hatte mit seinem „Musterbeispiel des Sozialismus" „eine Rekordwirtschaft erreicht, … von der (der) amerikanische Präsident(en) bloß träumen kann/können."

Die jüngsten Meinungsmacher konnten Venezuela und seinen Präsidenten gar nicht genug loben. Sean Penn, Danny Glover, Oliver Stone und Michael Moore waren an der Spitze des Eisbergs.

Und dann, im Jahre 2017, wurde aus Venezuela – exakt diesem Land, über das uns diese Kommentatoren permanent belehrten und das Sirota uns als „Musterbeispiel des Sozialismus" angepriesen hatte – plötzlich „kein richtiger Sozialismus", obwohl sich absolut nichts geändert hatte.

Naja, ich schätze, zumindest eines hatte sich geändert: Im Jahre 2016 litten laut Experten drei Viertel der Venezolaner an Mangelernährung (und das ist noch großzügig ausgedrückt), und fast 16 Prozent waren dazu übergegangen, sich von Müll zu ernähren.

Nein, wir wollen nicht das venezolanische Modell, sagen unsere „demokratischen Sozialisten" heute. Wir wollen vielmehr Schweden!

Diese Forderung wäre deutlich glaubwürdiger, wenn nicht so viele Leute Venezuela bis zum Punkt der Hungersnot und des Chaos in den Himmel gelobt hätten.

Über Schweden gibt es vieles zu sagen: (1) Seine „sozialistische" Politik wurde durch den Reichtum ermöglicht, der durch eine kapitalistische Wirtschaft hervorgebracht wurde (bis in die 1950er Jahre hinein hatte die schwedische Regierung im Vergleich zu den USA weniger als ein Prozent des BIP ausgegeben); (2) Schweden verdienen etwa 50 Prozent mehr in den Vereinigten Staaten, in unserer ach so bösen Wirtschaft; und (3) seit Schwedens explosionsartigem Anstieg der Sozialhilfe wurden netto genau null Arbeitsstellen im privaten Sektor geschaffen.

Nein, danke!

In den letzten Jahren ist die Sympathie für den Sozialismus in den Vereinigten Staaten sprungartig angestiegen. Ohne Zweifel war eine der Ursachen hierfür die Finanzkrise 2008. Kritiker waren überzeugt, dass diese Zeit eine tiefgreifende Abneigung gegen das Herz des amerikanischen Kapitalismus hervorgebracht hat. Dennoch wäre diese Krise niemals ohne die beiden zusammenhängenden Übel der Regierungspolitik und des Interventionismus der Federal Reserve entstanden, was in etwa dem Gegenteil von Kapitalismus entspricht.

Und es gibt einen weiteren fundamentalen Grund: Es ist ein einfach nachvollziehbares Argument. (1) Diese Leute dort drüben haben viel Geld. (2) Du hättest gerne mehr Geld. (3) Wir ermöglichen dir sehr gerne den Transfer.

„Die Reichen" werden währenddessen karikiert und routinemäßig verachtet. Und obwohl es natürlich wahr ist, dass manche Menschen auf schäbige Art und Weise an ihr Vermögen gekommen sind, was durch die Regierung erst ermöglicht wurde, ziehen sozialistische Kritiker hier keine klare Trennlinie. Es ist Reichtum per se, der verachtet wird, egal, wie er erreicht wurde.

Es wird keine Sekunde darüber nachgedacht, was die Reichen eigentlich für die Wirtschaft getan haben. Wir sollen glauben, dass sie sich in ihrem Geld wälzen, bis es an ihren verschwitzten Körpern kleben bleibt.

Es wird kein Wort darüber verloren, dass das Geld in Investitionsgüter gesteckt wird, die die Wirtschaft produktiver machen und das Realeinkommen steigern. Man hört nichts über Kapitalerhaltung, die die Produktionsstruktur aufrechterhält. Nichts über Sparmaßnahmen, da die meisten bekannten Kapitalismuskritiker denken, dass Konsum zur Erhaltung der Wirtschaft beiträgt – als könnte der bloße Konsum uns reich machen.

Von diesem Standpunkt aus betrachtet erscheint Sozialismus sinnvoll. Es gibt keine unbeabsichtigten Konsequenzen von Regierungsinterventionen, über die es sinnvoll wäre, mal nachzudenken. Wir haben Reiche auf der einen Seite und Dinge, die wir mit deren Geld gerne tun würden, auf der anderen Seite, also wo liegt das Problem? Wenn es ein Ergebnis gibt, das wir gerne hätten, dann erlassen wir einfach Gesetze, bis das gewünschte Ergebnis entsteht! Du willst höhere Löhne? Wir machen ein Gesetz dafür!

Wäre das die Wahrheit, hätten wir Armut überall und jederzeit ausgemerzt. Wir sollten die Leute in Bangladesch anrufen und ihnen mitteilen: Die Armut ist vorbei! Ihr müsst einfach nur ein paar Gesetze erlassen!

Während wir dann den amerikanischen Regulierungsapparat sowie die amerikanischen Arbeitsrechte und Gehaltsanforderungen in Bangladesch durchsetzen, würde praktisch das gesamte Land auf der Stelle erwerbsunfähig, und die Armut würde in die Höhe schießen.

Es scheint fast so, als gäbe es noch andere Dinge als Regulierungen und Umverteilung, die für den wirtschaftlichen Fortschritt verantwortlich wären.

Die besten Eigenschaften des Buches „Sozialismus ist zum Kotzen" sind, dass es kurz, ansprechend und leicht verdaulich ist – und genau das ist es, was die antisozialistische, freiheitliche Seite gerade braucht.

Ich darf hinzufügen: Ihre Führung durch die unfreie Welt, der Sie sich nun anschließen, könnte kaum besser gewählt sein. Bob Lawson, der umfangreiche Forschungen bezüglich der wirtschaftlichen Freiheit verschiedener Länder der Welt betrieben hat, liefert eine wichtige Einsicht darüber, was funktioniert und was nicht. Ben Powells Buch über Ausbeuterbetriebe, erschienen bei Cambridge University Press, erklärt, was getan werden muss (und was vermieden werden muss), damit die Entwicklung der Welt erfolgreich sein wird – und beschreibt verschiedene

Wege, durch die ignorante, wenn auch oft gutmeinende, Menschen aus dem Westen diesen Prozess bremsen.

Blättern Sie weiter, und Ihre Reise beginnt. Die gute Nachricht: Wenn Sie fertig sind, können Sie das Buch schließen und sind zurück in der halb-kapitalistischen Welt.

Das war's, zumindest für jetzt.

Tom Woods
TomsPodcast.com

Einleitung

Kein Sozialismus:
Schweden

September 2009

Wenn es ein großes Problem mit Schweden gibt", sagte ich, als ich im „Café Duvel" in Stockholm gegenüber von Bob am Tisch saß, „dann sind es die Alkoholpreise."

Das „Café Duvel" ist keine Spelunke, aber auch keine protzige Edelkneipe. Hinter seiner schlichten, schwarzen, zur Straße gewandten Außenfassade befindet sich ein Tresen mit fünf Plätzen, an dem man höherprozentiges, gezapftes belgisches Bier bekommt, ein paar Stehtische und den ungemütlichen Sitzplatz am hölzernen Fenster, der mir elende Rückenschmerzen zugefügt hatte. Trotz der relativen Nähe zu Belgien kostete unser belgisches Bier weit mehr, als wir es aus den Vereinigten Staaten gewöhnt waren.

„Verdammte Steuern", antwortete er. „Schweden muss für seinen Wohlfahrtsstaat bezahlen." Er hatte recht. Schweden besteuert Alkohol zu höheren Preisen als die meisten Länder. Eigentlich besteuert Schweden alles. Und zwar ziemlich krass.

Schweden war der erste Halt auf unserer Tour durch sozialistische Länder, auch wenn es gar kein sozialistisches Land ist. Moment! Was? Sie haben gehört, Schweden sei ein Beispiel für funktionierenden Sozialismus? Obwohl viele Leute glauben, Schweden sei ein sozialistisches Land und manche unserer Politiker dieses Missverständnis zu ihren Gunsten nutzen, werden wir Ihnen nun die Gegenbeweise präsentieren. Aber lassen Sie mich Ihnen zunächst ein wenig Hintergrundinformationen über Bob und mich geben, so dass Sie wissen, woher wir kommen.

Bob ist in Cincinnati, Ohio, aufgewachsen. Sein Milieu ist die Arbeiterklasse, und er ist ein lebenslanger Anhänger von unterdurchschnittlich professionellen Cincinnati-Sportmannschaften. Während seiner Promotion an der Florida State University in den frühen 90ern engagierte sich Bob bei einem Projekt zur Analyse quantitativer Daten, die endlich die Frage klären sollte, über die sich so viele Sozialwissenschaftler uneinig waren: Schafft eine eher kapitalistische oder eine eher sozialistische Regierung Bedingungen für eine bessere Lebensqualität ihrer Bürger?

Die Idee für Bobs wirtschaftlichen Freiheitsindex, der im Jahresbericht des Fraser Institute, „Economic Freedom of the World", veröffentlicht wurde, begann mit Milton Friedman, dem Wirtschaftsnobelpreisträger, und Michael Walker, dem Geschäftsführer des Fraser Institute in Vancouver. Seit Mitte der 90er arbeitet Bob mit Professor James Gwartney von der Florida State University zusammen, um den jährlichen wirtschaftlichen Freiheitsindex des Fraser Institute herauszugeben. Wir werden auf diesen Index in diesem Buch noch häufiger zu sprechen kommen. Bob war Professor an der Shawnee State University und der Capital University, beide in Ohio, und der Auburn University in Alabama, bis er seinen letzten Auftritt in Dallas hatte, wo er das O'Neil Center for Global Markets and Freedom an der Cox School of Business der Southern Methodist University leitet.

Ich komme aus einem ähnlichen Arbeitermilieu in Haverhill, Massachusetts, ungefähr 50 Kilometer nördlich von Boston, und ich bin und bleibe ein begeisterter Anhänger von Bostons deutlich überlegenen Sportmannschaften. Unsere abweichenden Neigungen tun unserer Freundschaft jedoch keinen Abbruch. Ehrlich gesagt ist Bob sogar loyal genug gegenüber den Cincinnati Bengals, um jedes Mal, wenn sie gegen die New England Patriots spielen, mit mir um eine Flasche Schnaps zu wetten und dabei auf die Differenz zu verzichten. Ich habe Spaß dabei, diese Flaschen zu trinken, auch wenn ich vermute, dass er einfach nur den Schnaps weiterreicht, den er von anderen Freunden bekommt, wenn diese unbedingt auf die Cleveland Browns wetten müssen.

Ich habe meine Promotion an der George Mason University bekommen und wurde daraufhin Professor an der San José State University in Kalifornien und der Suffolk University in Boston. Vor sechs Jahren habe ich dann die Stelle als Wirtschaftsprofessor und Leiter des freien Marktinstituts an der Texas Tech University angenommen.

Bob und ich wurden bei einem Treffen der Mont Pèlerin Society in Salt Lake City im Jahre 2004 Freunde. Der Ökonom Friedrich August von Hayek hatte die Gesellschaft am Berg Mont Pèlerin in der Schweiz im Jahr 1947 gegründet und damit Akademiker aus der ganzen Welt zusammengebracht, die über die Ausbreitung von Sozialismus und Totalitarismus besorgt waren. Im Laufe der Jahre haben acht Mitglieder der Mont Pèlerin Society Nobelpreise gewonnen, inklusive Hayek und Friedman. Heute hat die Gesellschaft mehr als 500 Mitglieder – nicht nur Akademiker, sondern unternehmerische, politische und intellektuelle Führungspersonen –, die sich gemeinsam verpflichtet fühlen, die Freiheit zu verteidigen.

Salt Lake City war damals, 2004, noch ziemlich trocken, wenn man von „privaten Clubs" mal absieht, was eigentlich nur Kneipen bezeichnet, die kurzfristige Mitgliedschaften quasi als Eintrittspreise verkauften. Bob und ich wurden Mitglieder und Trinkgefährten in einem dieser Clubs in der Nähe unseres Hotels, und wir haben zusammen unseren ersten Berg nahe der Wasatchkette bestiegen. Seitdem haben wir gemeinsam unzählige alkoholhaltige Kaltgetränke geleert, waren auf Dutzenden Wirtschaftskonferenzen und haben eine Vielzahl an Bergen bestiegen.

Außerdem teilen Bob und ich die Hingabe für Freiheit und freie Märkte. Unsere Hingabe ist keine bloße Ideologie, sondern wird durch Wirtschaftstheorie und Beweise gestützt. Der Nobelpreisträger und Wirtschaftswissenschaftler James Buchanan war der Meinung, dass das Verständnis von Wirtschaftsprinzipien „dem durchschnittlichen Menschen … die Beherrschung von der Größe eines Genies" verleiht, aber ohne diese Prinzipien „ist er ein plappernder Idiot".[1] In vielerlei Hinsicht sind wir ziemlich normale Typen, aber unser Training in Wirtschaftstheorie und unsere Analyse wirtschaftlicher Daten ermöglichen uns, die Welt ein bisschen anders als die meisten Menschen zu sehen, zu verstehen und zu erklären – und hoffentlich helfen sie uns auch, zu verhindern, „plappernde Idioten" zu sein.

Dieses Buch ist eine wahrheitsgemäße Buchführung unserer Reisen und enthält daher auch unsere teilweise exzessiven Trinkgelage, mittelmäßige Frauenverachtung und unseren bissigen Humor. Wir sind weiße, männliche Amerikaner mittleren Alters, wir sind nicht „erwacht", und wir haben nicht mal eine Ahnung, was „Intersektionalität" bedeutet. Sollten Sie sich davon bereits jetzt angegriffen fühlen, können Sie nun dieses Buch schließen und stattdessen eines Ihrer langweiligen akademischen Journale lesen. Es werden dieselben Punkte offenbar werden, aber ohne die ortsansässige Färbung.

In diesem Buch zielen wir jedoch auf ein breiteres Publikum ab, das nicht nur die wirtschaftliche Einsicht zu schätzen weiß, sondern auch unsere auf dem Boden gebliebene Ehrlichkeit. Wir haben dieses Buch geschrieben, weil deutlich zu viele Menschen mit einer gefährlichen Unwissenheit zu wissen glauben, was Sozialismus ist, wie er funktioniert und wie seine historische Erfolgsbilanz aussieht. Außerdem wollten wir uns unbedingt mal in Kuba besaufen, und das war eine hervorragende Möglichkeit, uns unsere Kosten hierfür erstatten zu lassen.

* * *

Im Frühling 2016 hat eine Harvard-Studie herausgefunden, dass ein Drittel der 18- bis 29-Jährigen den Sozialismus unterstützt.[2] Eine andere Studie der Victims of Communism Memo-

15

rial Foundation hat berichtet, dass Millennials (Menschen, die um die Jahrtausendwende geboren sind) den Sozialismus jedem anderen Wirtschaftssystem vorziehen.[3]

Die Young Democratic Socialists of America, die Ende 2016 gerade mal zwölf Gruppen an Colleges besaßen, waren bis Herbst 2017 auf beinahe 50 Gruppen aufgeblüht.[4] Die 22-jährige Michelle Fisher, die stellvertretende nationale Vorsitzende dieser Organisation, sagte: „Ich glaube, dass die Leute in meiner Generation – Menschen, die nach dem Kalten Krieg aufgewachsen sind – ich glaube, Sozialismus ist kein so rotes Tuch mehr für sie wie für ältere Leute... für mich gab es da nie ein Tabu."[5]

Natürlich nicht. Die Studie der Opfer des Kommunismus fand heraus, dass 31 Prozent der Millennials eine positive Sicht auf Che Guevara haben; 23 Prozent denken nicht schlecht über Lenin; und 19 Prozent befürworten Mao Tse-tung. Das bedeutet, dass mindestens zwei von zehn Millenials offensichtlich glauben, dass Massenmord im Interesse des Sozialismus gar nicht mal so verkehrt sei. Das ist eines der Tabus, die gefallen sind.

Aber nicht nur junge Leute ignorieren oder leugnen die gefährliche Vergangenheit des Sozialismus. 2017 gab die „New York Times" eine wöchentliche Kolumne heraus: „Das rote Jahrhundert: Die Erforschung der Geschichte und das Vermächtnis des Kommunismus, 100 Jahre nach der russischen Revolution."[6] Während sich die Kolumnisten und Themen wöchentlich abwechselten, wurde wenig Fokus auf die internationalen Massenmorde durch sozialistische Regime gerichtet. Ebenfalls waren die Hinweise auf den wirtschaftlichen Wahnwitz sozialistischer Regierungen, der Millionen Menschen in den Hungertod trieb, kaum der Rede wert. In diesem gesamten Jahr voller Kolumnen wurde bloß einmal besprochen, inwiefern Sozialismus zu wirtschaftlicher Stagnation führt. In der überwältigenden Mehrheit hatte die „Times" Kolumnen veröffentlicht, in denen erklärt wurde, dass Sozialismus lediglich eine fortgeschrittene Form von Liberalismus war, mit besonderem Schwerpunkt auf der angeblich grünen Politik von „Lenins Öko-Kriegern" und

Belehrungen, „warum Frauen im Sozialismus besseren Sex hatten".

Zu ungefähr der gleichen Zeit unternahm Bernie Sanders, ein selbsternannter demokratischer Sozialist, seinen großen Anlauf, für die Demokratische Partei als Präsidentschaftskandidat nominiert zu werden, wofür er 2016 bei den Vorwahlen der Demokraten 43 Prozent erreichte.

Wie ist es möglich, dass so viele Amerikaner den Sozialismus so wohlwollend aufnehmen, obwohl er in der Praxis zu Elend und Massenmord geführt hat? Die Antwort lautet, dass, wie die „New York Times", viele Menschen annehmen, dass Sozialismus bloß eine großzügigere Form von Liberalismus sei.

Die Studie der Victims of Communism fand heraus, dass nur ein Drittel der Millenials Sozialismus korrekt definieren können. In der ersten Debatte der Demokratischen Partei zur Nominierung des Präsidentschaftskandidaten 2020 wurde Bernie Sanders gefragt, wie ein Sozialist die allgemeinen Wahlen in den Vereinigten Staaten gewinnen könnte. Er wies auf „Länder wie Dänemark, Schweden und Norwegen" hin, als Beispiele für seine Version von Sozialismus.[7] Aber diese Länder sind nicht sozialistisch.

Schweden hat einen starken Sozialstaat, eine staatliche Gesundheitsvorsorge und großzügige Arbeitslosenzuschüsse, und die Getränke im „Café Duvel" waren in der Tat hoch besteuert. Aber Sozialhilfe und Leistungszuschüsse, egal wie hoch sie von sozialistischen Messdienern auch angepriesen werden, sind nicht die zugrundeliegenden Bausteine des Sozialismus.

Der wirtschaftliche Freiheitsindex, den Bob mit erstellt hat, ist die wahrscheinlich beste Methode, um zu messen, ob ein Land ein eher kapitalistisches oder ein eher sozialistisches System hat. Der Index nutzt eine Null-bis-zehn-Skala. Je höher der Wert, desto eher ist das System kapitalistisch. Wenn ein Land einen hohen Wert auf diesem Index erreicht, bedeutet das prinzipiell, dass das Land die Steuern der Regierung niedrig hält, private Eigentumsrechte respektiert, den Wert der Währung stabil hält, die Menschen frei handeln lässt und die Regulierungen auf einem Minimum hält.

Wie sieht das aus für Schweden? Insgesamt erreicht Schweden einen Wert von 7,54, was gut genug für den 27. Platz der 159 Länder der Studie ist. Sicherlich, Schweden besteuert den heiligen Geist aus seinen Bürgern heraus. Der Steuern-und-Abgaben-Wert ist in der Tat niedrig – 3,64 von 10. Schweden reguliert seinen Arbeitsmarkt ebenfalls durchaus stark (6,81), aber im Großen und Ganzen macht Schweden eine gute Arbeit beim Schutz von Eigentumsrechten (8,35), verhindert Inflation (9,71), erlaubt Freihandel (8,28) und reguliert die Kreditmärkte (9,90) sowie Unternehmen im Allgemeinen (8,08) nur leicht. Bei den anderen nordischen Ländern, die Genosse Sanders erwähnte, erreicht Dänemark 8,0 und Norwegen 7,62. Alle drei Länder befinden sich in den Top-5 der wirtschaftlich freiesten Länder der Welt.

Fazit: Schweden ist ein erfolgreiches, hauptsächlich kapitalistisches Land. Als wir dort waren, konnten wir das mit unseren eigenen Augen sehen. Die Schweden waren offensichtlich reich, ihre Gebäude waren gut gepflegt, und ihr Bier war gut und kalt. Um ehrlich zu sein entsprach das, was wir sahen, unserer Forschung, die den wirtschaftlichen Freiheitsindex nutzt, um die Auswirkungen wirtschaftlicher Freiheit auf den Lebensstandard zu messen. In einer jüngsten Untersuchung von knapp 200 akademischen Studien folgerten Bob und sein Co-Autor Joshua Hall, dass „über zwei Drittel dieser Studien herausgefunden haben, dass wirtschaftliche Freiheit mit einem ‚guten‘ Ergebnis von schnellerem Wachstum, höherem Lebensstandard, größerer Zufriedenheit et cetera übereinstimmen. Weniger als vier Prozent der Stichproben hatten zum Ergebnis, dass wirtschaftliche Freiheit mit einem ‚schlechten‘ Ergebnis wie erhöhten Einkommensunterschieden einhergeht."[8]

Obwohl Schweden auch heute noch ziemlich frei ist, war es mal noch freier. Unser schwedischer Freund Johan Norberg erzählte uns die Geschichte, wie die Laissez-faire-Wirtschaftsreformen Schweden reich gemacht hatten.[9] Laut seiner

Erzählung waren seine Vorfahren in den frühen 1860er Jahren so arm, dass sie Baumrinde in ihr Brotrezept mischten, weil es eine Mehlknappheit gab. Die Einkommen Schwedens waren zu dieser Zeit in etwa auf demselben Niveau wie die des heutigen Kongo. Außerdem war die Lebenserwartung halb so hoch und die Kindersterberate dreimal so hoch wie in vielen modernen armen Ländern.

Aber die Wirtschaftsreformer des 19. Jahrhunderts haben Schwedens Wirtschaft liberalisiert und ein wohlhabendes, kapitalistisches Land geschaffen. Unser persönlicher Lieblingsreformer, Lars Johan Hierta, wird mit einer Kupferstatue, ungefähr einen Kilometer vom „Café Duvel" entfernt, verehrt.

Wir mögen Lars, weil er ein Verfechter der freien Meinungsäußerung, der Gleichberechtigung für Frauen, der Unternehmensfreiheit, der Handelsfreiheit, einer schlanken Regierung und der Aufhebung der Gesetze gegen öffentliche Trunkenheit (solange die Betrunkenen niemanden bedrohen) ist. Darauf ein Prosit!

* * *

Hierta und andere Reformer haben letztlich viele ihrer Richtlinien umgesetzt, und Schwedens Wirtschaft wuchs rasant. Zwischen 1850 und 1950 stiegen die Einkünfte um das Achtfache, die Lebenserwartung stieg um 28 Jahre, und die Kindersterblichkeit fiel von 15 auf zwei Prozent. Um 1950 war Schweden eines der reichsten Länder der Welt und hatte immer noch einen schlanken Staat. Die Gesamtsteuerlast betrug 19 Prozent des Bruttoinlandsprodukts (BIP) und war geringer als die der Vereinigten Staaten und anderer europäischer Länder.

Erst in der jüngsten Vergangenheit wurden die schwedische Steuerlast und die Staatsgröße aufgebläht. In den 20 Jahren zwischen 1960 und 1980 explodierten die Staatsausgaben von 31 auf 60 Prozent des BIP. Hohe Steuern und Staatsausgaben alleine begründen noch keinen Sozialismus, haben aber sehr wohl Konsequenzen. Während der schwedische Staat wuchs, stagnierte die Wirtschaft. Schweden war 1970 das viertreichste Land der OECD, fiel jedoch mit dem Jahr 2000 auf den 14. Platz. Schwedens Wirtschaft wuchs am meisten, als das Land noch freier war, als es heute ist. Aber selbst heute bleibt das Land wirtschaftlich relativ frei und wohlhabend, und seine Politik ist von Sozialismus weit entfernt.

Wenn Schweden also nicht sozialistisch ist, wer dann? Hier scheinen Amerikaner verwirrt zu sein. Propagandisten wie Michael Moore helfen nicht gerade, wenn sie Beiträge tweeten wie „Die meisten Umfragen zeigen uns inzwischen, dass junge Erwachsene (18-35) in ganz Amerika Sozialismus (Gerechtigkeit) Kapitalismus (Egoismus) vorziehen." Sozialismus ist nicht einfach „Gerechtigkeit". In Wahrheit bedeutet Sozialismus die Abschaffung von Privateigentum; in einer sozialistischen Wirtschaft entscheidet die Regierung, was produziert wird, wie es produziert wird und für wen.

Die meisten Länder sind weder rein kapitalistisch noch rein sozialistisch. Alle kapitalistischen Wirtschaften erlauben, sei es aus guten oder schlechten Gründen, einigen Regierungsbesitz an Ressourcen und zentralisierter wirtschaftlicher Planung. Ebenfalls erlauben die meisten sozialistischen Staaten zu einem gewissen Grad wirtschaftliche Freiheit – andernfalls würden sie unter noch extremeren wirtschaftlichen Konsequenzen leiden.

Die Sowjetunion kam während der Zeitspanne des Kriegskommunismus (1918 bis 1921) und China während des Großen Sprungs nach vorn (1958 bis 1962) am nächsten an die völlige Abschaffung von Privateigentum. Nachdem diese sich jeweils als massive Fehlschläge offenbart hatten, boten die kommunistischen Regierungen beschränkten Privatbesitz einiger Produktionsmittel an und erlaubten den Betrieb kleiner Märkte, obwohl der Sozialismus überwog.

Heutzutage gibt es nur noch drei Länder, die fast vollständig sozialistisch geblieben sind: Nordkorea, Venezuela und Kuba. Andere sozialistische Länder wie China sind dies nur dem Namen nach, erlauben aber tatsächlich so viel Privatbesitz und -kontrolle, dass sie bereits als wirtschaftliche Mischform angesehen werden können.

Wir werden diese Orte besuchen und darüber hinaus noch drei ehemalige sowjetische Länder, die sich an Reformen versuchen – Russland, die Ukraine und Georgien. Wir werden unsere Reisebeobachtungen aus erster Hand mit Wirtschaftstheorie, Geschichte und empirischer Sozialforschung kombinieren und versuchen, herauszufinden, was an diesen Orten vor sich geht.

Für uns als Reisende mag sozialistische Wirtschaftspolitik unbequem sein, aber für diejenigen, die darunter leben müssen, kann sie brutales und unnötiges Leid hervorrufen. Das macht uns sauer – und vielleicht macht Sie das ja auch sauer.

Nun gut. Mit dieser Warnung greifen Sie sich bitte Ihr Handgepäck, bestellen Sie ein Schnäpschen bei Ihrer Flugbegleitung, und dann nichts wie los auf unsere Rundfahrt durch die unfreie Welt!

Kapitel 1

Hunger-Sozialismus: Venezuela

Januar 2017

Ihr müsst nach Venezuela", meinte unser alter Freund Marshall Stocker bei Hummer und Bier in New Hampshire Ende Juli 2016. Marshall ist so was wie ein „Abenteuer-Kapitalist". Während des Arabischen Frühlings tätigte er Immobiliengeschäfte in Ägypten, bis er die Stadt verlassen musste, um seine Verluste zu beschränken. Heute leitet er einen aufstrebenden Investmentfonds für ein Großunternehmen in Boston. Bob und ich folgen ihm mit Begeisterung auf Facebook, wo er immer wieder Beiträge von exotischen Orten teilt, wie zum Beispiel dem Dschungel von Myanmar oder der mongolischen Wüste, da er immer nach Ländern sucht, in denen sich Investitionen lohnen.

Wir stimmten zu. Venezuela befand sich auf unserer Liste, aber Venezuela ist eine verdammte Katastrophe. Unsere Frauen, Lisa und Tracy, hatten uns bereits Vorschriften gemacht – wir hatten nicht die Erlaubnis, uns bei der Arbeit an diesem Buch umbringen oder ins Gefängnis werfen zu lassen. Schätzungsweise hätte die Erhöhung unserer Lebensversicherungen die beiden ein wenig besänftigt, aber naja – wir hatten ja nun auch kein Bedürfnis, zu sterben.

Marshall machte uns einen Vorschlag, der die Reise sicherer und praktischer gestalten sollte. „Fliegt einfach nach Kolumbien und fahrt an die venezolanische Grenze. Von dort aus könnt ihr erst mal die Lage überprüfen und die Grenze dann eventuell überqueren. Das wäre sicher genug. Abgesehen davon gehen an der Grenze völlig verrückte wirtschaftliche Aktivitäten vor sich."

Je mehr wir darüber nachdachten, desto besser klang die Idee. Venezuela, der jüngste Liebling der Verfechter des Sozialismus, ist nicht von der gleichen langen Geschichte politischer Repression getrübt wie die anderen Länder. Venezuela war ein Beispiel für „demokratischen" Sozialismus. Zumindest bis vor kurzem war es das Modell, das westliche Intellektuelle bewunderten und als sozialistisches Paradies anpriesen. Inzwischen bröckelt das Bild, aber die Apologeten bestehen immer noch darauf, dass die Probleme dieses Landes nichts mit dem Sozialismus zu tun haben.

Westliche Intellektuelle, die Lenin „nützliche Idioten" genannt hatte, neigen dazu, die wirtschaftlichen Fehler sozialistischer Regime und menschlicher Gräueltaten zu übersehen oder Ausreden zu erfinden. Heutzutage gehen den Idioten die Orte für ihre Bewunderung aus. Nahezu keine Person bei klarem Verstand würde Nordkorea als Musterstaat ansehen.[1] Während Castro-Apologeten immer noch die kubanische Gesundheitsvorsorge und das kubanische Bildungswesen anpreisen, erkennen doch die meisten Menschen an, dass das kommunistische System Kubas politisch repressiv und wirtschaftlich zurückgeblieben ist.

Bei Venezuela sollte dies anders aussehen. Nach einem missglückten Putschversuch wurde Oberst Hugo Chávez 1992 für zwei Jahre ins Gefängnis geworfen. Daraufhin wurde er Politiker und gewann die Präsidentschaftswahlen von 1998 mit 56,2 Prozent der Wählerstimmen, wobei die Wahl als mehr oder weniger fair angesehen wurde. Chávez erließ 1999 eine neue Verfassung und wurde ein Jahr später mit 59,8 Prozent der Stimmen wiedergewählt.

Für viele Beobachter schien Chávez' Art des „Bolívarischen Sozialismus" (benannt nach dem anti-kolonialistischen Revolutionär Simón Bolívar) erfolgreich zu sein. 2011 behauptete Bernie Sanders: „Heutzutage wird der amerikanische Traum vorwiegend in Südamerika realisiert, wo die Einkommen tatsächlich gleicher sind als im Land von Horatio Alger. Wer ist jetzt die Bananenrepublik?"[2]

Auf ähnliche Weise veröffentlichte die Webseite Salon.com zum Tod von Chávez im Jahr 2013 einen Artikel mit dem Titel „Hugo Chávez' Wirtschaftswunder", in dem behauptet wird, dass „Chávez einen Wirtschaftsrekord erzielt hat, von dem ein Vermächtnis-besessener amerikanischer Präsident bloß träumen könnte".[3]

Wir mussten dieses sozialistische Paradies selbst erleben. Nachdem wir über einige Monate die Nachrichten über Handelsgeschäfte an der kolumbisch-venezolanischen Grenze verfolgt hatten, planten wir unsere Reise. Am 2. Januar 2017, immer noch mit unserem Neujahrskater kämpfend, nahmen wir einen kurzen nächtlichen Flug von Dallas nach Bogotá und setzten am nächsten Morgen unsere Reise nach Cúcuta fort.

Cúcuta war eine angenehme Überraschung. Mit einer Bevölkerung von 650.000 konnte sich Cúcuta, die sechstgrößte Stadt Kolumbiens, einer beeindruckenden Skyline, attraktiver Architektur und gut gepflegter Bürogebäude rühmen. Die Straßen, wenn auch manchmal verstopft, befanden sich in einer guten Verfassung. Es gab eine Auswahl an Restaurants und Einkaufsmöglichkeiten innerhalb eines kurzen Fußmarschs von unserem Hotel in der Innenstadt aus. Wenn wir nachts etwas trinken gegangen sind, haben wir uns so sicher gefühlt wie überall in Lateinamerika.

Aber wir waren ja nicht dort, um Cúcuta zu sehen. Wir waren dort, weil Cúcuta am Westufer des seichten und schlammigen Río Táchira lag, wo es zwei Brücken und andere inoffizielle Verbindungen zwischen Kolumbien und Venezuela gab. Hier hatten Venezolaner einst, in den frühen sozialistischen Tagen, Güter nach Kolumbien geschmuggelt und zu Marktpreisen verkauft, womit sie Profit gemacht hatten. Heute kaufen Venezolaner dort Grundnahrungsmittel, die es zu Hause nicht mehr gibt.

Auf unserem Weg zur Santander-Brücke, der kleineren der zwei Grenzübergänge, trafen wir Julian Villabona, einen Reporter der „PanAm Post". Ein gemeinsamer Freund hatte uns Julian vorgestellt, und er hatte sich bereit erklärt, uns zu helfen und mit den Leuten an der Grenze zu sprechen, wobei er selbst an seiner eigenen Geschichte für die Webseite der „Post" schrieb.

Nach einer kurzen Autofahrt auf einer vierspurigen, gepflasterten Straße endete diese in einer staubigen Kreuzung in der Nähe der Santander-Brücke, die für den Straßenverkehr gesperrt war. Es gab ungefähr ein Dutzend kleine Geschäfte im Dauerbetrieb am Straßenrand und mindestens zwei Mal so viele temporäre Straßenstände mit einer Vielzahl an Basis- und Bedarfsgütern – Mehl, Speiseöl, Zucker, Toilettenpapier, Süßigkeiten, Bohnen –, und ebenso Gebrauchsgüter wie Reifen, deren Angebot in Venezuela knapp war.

Auf der Brücke wimmelte es nur so von Fußgängern. Jeden Tag kamen Tausende Venezolaner mit Koffern, Taschen, Karren, Rucksäcken und Kisten, um sie mit allem, was sie sich leisten konnten, zu füllen und nach Hause zu tragen. Das waren keine verarmten Venezolaner; das waren Angehörige der Mittelschicht, die über die Mittel verfügten, zur Grenze zu reisen und Waren zu kaufen.

Als wir den kolumbianischen Kontrollpunkt erreicht hatten, auf dem halben Weg über die Brücke, fragte uns Julian, was wir zu tun gedächten. Die kolumbianische Grenzpolizei überprüfte Pässe nur stichprobenartig; wir hätten direkt nach Venezuela gehen können, wenn wir gewollt hätten – aber hätten wir auch wieder zurück nach Kolumbien gekonnt?

* * *

Julian unterhielt sich kurz mit einem Wachmann, der nur mit den Schultern zuckte und Julian überzeugte, dass eine Wiedereinreise „no hay problema" für zwei Gringo-Ökonomen und ihren Führer waren, und damit überquerten wir die Grenze nach Venezuela. Der venezolanische Kontrollpunkt bestand aus einem einzigen Mann in Uniform. Er interessierte sich ebenfalls nicht die Bohne für uns; er war viel zu beschäftigt damit, die Tasche einer Frau zu durchsuchen und Gegenstände daraus für sich selbst zu konfiszieren.

Im Vergleich zum hektischen Trubel der Geschäfte auf der kolumbianischen Seite war die venezolanische Seite gespenstisch ruhig. Der offizielle Duty-free-Shop war schon lange verlassen. Die einzige andere Einrichtung war eine große Tankstelle mit einem Bediener, der pflichtbewusst an jeder Zapfsäule wartete.

Die venezolanische Regierung subventioniert Benzinpreise, so dass Venezuela sich mit knapp zehn Cent pro Liter an einem der günstigsten Benzinpreise der Welt erfreuen darf. Aber selbst bei so günstigen Benzinpreisen gab es keine Kunden für die gut ausgestattete Tankstelle; die sozialistischen Wirtschaftsplaner Venezuelas hatten anscheinend nicht vorhergesehen, dass eine Tankstelle an einer Brücke, die für Autos geschlossen ist, nicht allzu viele Kunden hat.

Als wir auf das Dorf Ureña zuliefen, wurde Julian sichtlich unruhig. Obwohl wir keine Taschen mit Waren dabei hatten, die man uns hätte stehlen können, waren Bob und ich die einzigen Amerikaner in Sichtweite, was uns zu Zielobjekten für Raub und Entführung machte. Wir beschlossen, dass es das Beste war, wenn wir uns nicht zu lange in Venezuela aufhielten. Außerdem waren wir ohne Visa technisch gesehen illegal im Land. Wir änderten die Richtung, folgten den Venezolanern in Richtung Westen und kehrten ohne Zwischenfälle nach Kolumbien zurück.

Bei der akribischen Suche in einigen Geschäften fanden wir, was wir gesucht hatten – Bahia, ein kolumbianisches Cerveza. Das Geschäft war zur Straße ausgerichtet und hatte ein paar Plastikstühle und einen Tisch. Die Musik war laut, aber das Bier war kalt, und wir hatten eine gute Sicht auf das Kommen und Gehen.

Was wir beobachteten, war eine verdammte Schande. Venezuela war einmal eine der freiesten Volkswirtschaften der Welt, gemessen an Bobs Index. 1970 erreichte Venezuela ein Ergebnis von 7,2 und gehörte damit zu den zehn freiesten Volkswirtschaften. Und als Venezuelas Wirtschaft noch frei war, war das Land relativ erfolgreich. Laut der Weltbank war 1967 der durchschnittliche Venezolaner um 1.995 Dollar reicher als der durchschnittliche Spanier.

Im Jahr 2014 dagegen verdiente der durchschnittliche Venezolaner gerade mal 200 Dollar mehr, als er 1967 hatte. In knapp 50 Jahren erlebten die Venezolaner praktisch null wirtschaftliches Wachstum, wogegen Spanier ihr Durchschnittseinkommen mehr als verdoppelten. Nach einigen Schätzungen sind die venezolanischen Einkommen seit 2014 sogar um 50 Prozent gefallen – das bedeutet, die Wirtschaft hat sich von der Stagnation zum Zusammenbruch weiterentwickelt. Heute befindet sich der Rang Venezuelas auf dem Freiheitsindex als Allerletztes bei etwa 3.[4]

Als Ökonomen wissen Bob und ich, dass wirtschaftliche Freiheit so gut wie unausweichlich zu guten wirtschaftlichen Resultaten führt, da freie Menschen sowohl den Anreiz als auch die Möglichkeit haben, ihr eigenes Leben zu verbessern und in diesem Prozess auch das Leben von anderen. Adam Smith hat es in seinem Buch „Der Wohlstand der Nationen" am besten ausgedrückt, als er von einer „unsichtbaren Hand" gesprochen hat, die individuelle wirtschaftliche Eigeninteressen zum Gemeinwohl führt. Smith schrieb: „Jedes Individuum … hat weder Interesse, das Gemeinwohl zu fördern, noch weiß es, wie sehr es dieses fördert … es beabsichtigt nur seine eigene Sicherheit; und durch die Führung der Industrie auf diese Weise, dass ihre Produktion den höchsten Wert erhält, bezieht es sich nur auf seinen eigenen Gewinn, wodurch es in diesem und vielen anderen Fällen durch eine unsichtbare Hand geführt wird, um ein Ergebnis zu erreichen, das gar nicht Teil seiner Absicht war."[5]

Diese „unsichtbare Hand" benötigt zwei Dinge: Freiheit und Gesetzmäßigkeit. Das Gesetz muss Eigentumsrechte schützen, und Menschen benötigen Freiheit, um Waren und Dienstleistungen zu freien Preisen handeln zu können.

Beim Sitzen auf einem Markt in Kolumbien kann man in der Praxis erfahren, was Wirtschaftswissenschaftler in der Theorie erklären können. Freie Märkte und Marktpreise übermitteln eine wichtige Information. Sie teilen einem Konsumenten mit, ob ein Gut reichlich vorhanden (und daher günstig) oder knapp (und daher teuer) ist. Im Gegensatz dazu informiert die Zahlungsbereitschaft der Konsumenten die Produzenten und Unternehmer darüber, welche Güter am wertvollsten sind – was je nach Zeit, Ort und Kunde variieren kann. Das Ziel des Unternehmers ist es, Geld zu verdienen, nicht, die wirtschaftliche Effizienz oder die wirtschaftliche Entwicklung zu fördern. Aber durch Bedienen der Kundennachfrage machen Unternehmer eine Wirtschaft unausweichlich effizienter und erfolgreicher, vorausgesetzt, dass das Preissystem korrekt ist, was ein freier und offener Markt sicherstellt. Alles, was den freien Handel behindert, behindert auch die Genauigkeit der Preise.

Noch grundlegender ist Privateigentum, das es ermöglicht, Güter zu besitzen und dementsprechend zu kaufen und zu verkaufen. Andere Faktoren spielen hierbei natürlich ebenfalls eine Rolle. Inflation, die von der rücksichtslosen Gelddruckerei der Regierung verursacht wird, verzerrt Preise. Steuern und Regulierungen tun dasselbe, indem sie zusätzliche Kosten für den Handel verursachen.

Als Venezuela noch eine freiere Volkswirtschaft war, war es relativ wohlhabend. Aber als die Regierung die Wirtschaft mehr und mehr regulierte, wurde es schrittweise weniger frei, weniger effizient und weniger produktiv. Als Chávez an die Macht kam, war dieser Prozess bereits im Gange; er hat ihn lediglich stark beschleunigt und die Wirtschaft von einer Rezession in eine Katastrophe geführt. Venezuelas unsichere Eigentumsrechte, die verstaatlichte Industrie, seine Strafsteuern, die Währungsinflation und die Unternehmens-erstickenden Regulierungen ergaben das, was wir in anschaulichen und herzzerreißenden Details auf der Santander-Brücke an der kolumbianisch-venezolanischen Grenze sehen konnten: verarmte Mittelschichtvenezolaner, die Bündel voll Zucker, Reis, Bohnen und Windeln nach Hause schleppten. Wir sahen, was Wirtschaftstheorie in der Wirtschaftsrealität bedeutet.

* * *

Am nächsten Morgen gingen wir zur Simón-Bolívar-Brücke. Wieder war die kolumbianische Seite voller Handelsverkehr. Mehr noch: Ein chaotisches Durcheinander von Leuten, Lieferfahrzeugen, Bussen, Taxis, Motorrädern und Schubkarren manövrierte sich durch ein Labyrinth von verstopften, staubigen Straßen, die mit Geschäften gesäumt waren.

Verkäufer riefen Venezolaner, die nach Kolumbien kamen, zu, und der Schrei einer Frau im Speziellen – „¡Compramos pelo!" – erreichte unsere Aufmerksamkeit.

„Lass uns mit ihr reden", sagte ich. „Ich habe hierüber gelesen."

Denise war eine bekannte „Schlepperin" – ein Mittelsmann. Sie erklärte uns, dass sie venezolanische Frauen suchte, die ihre Haare verkaufen wollten. Sie brachte diese zu einem provisorischen Friseursalon, wo die Haare geschnitten und als Extensions benutzt wurden.

„¿Cuánto cuesta?"

Ich wollte wissen, was sie Frauen für ihre Haare bezahlte. Sie schüttelte den Kopf und sagte irgendetwas, das ich nicht verstand. Julian erklärte: „Sie glaubt, du willst ihr deine Haare verkaufen. Sie will sie nicht. Sie sind zu kurz und zu rot, um marktfähig zu sein."

Julian erklärte ihr, was ich eigentlich auf Spanisch hatte sagen wollen, und sie sagte, dass die Preise je nach Qualität und Länge variierten, aber für gute, lange Haare gab es vielleicht um die 80 US-Dollar.

Laut einem Reuters-Artikel, den ich gelesen hatte, waren mittellange Haare etwa 60.000 Kolumbianische Pesos wert, was zu der Zeit etwa 20 US-Dollar entsprach. Das klingt nicht nach viel, aber das entspricht in etwa dem, was ein Venezolaner mit einer Mindestlohnstelle und Essensrationen im Monat verdient.

Hier an der Grenze helfen selbst 20 Mäuse, um wertvolle Bedarfsgüter nach Hause zu bringen.

Wir wagten uns erneut nach Venezuela, aber die meiste Action fand auf der kolumbianischen Seite der Grenze statt, und so kamen wir zurück und unterhielten uns mit Venezolanern, die ihre schweren Taschen in der heißen Sonne schleppten. Die meisten erschienen nervös und auf der Hut – Überfälle waren weitverbreitet –, und sie redeten nur kurz und vorsichtig, indem sie uns mitteilten, dass sie hierher kamen, um Bedarfsgüter zu kaufen; grundsätzlich waren sie gesprächiger, wenn sie Kolumbien betraten, als wenn sie es verließen.

Ein offensichtliches Mittelstandspärchen, Paulo und Ana María, unterhielten sich länger mit uns. Sie kamen aus Ciudad Bolívar im fernen Osten Venezuelas, um Vorräte zu kaufen. Laut Google Maps ist Ciudad Bolívar etwa 1.250 Kilometer östlich, geschätzte 18 Stunden Autofahrt. Die Reise kostete sie drei Tage, erzählten sie, weil es zu gefährlich war, bei Nacht zu fahren.

Paulo erzählte uns: „Wir kommen, um Reis, Medizin, Seife, Shampoo und andere Dinge wie Autoteile zu kaufen, die es bei uns zu Hause nicht gibt." Sie kamen alle drei Monate nach Kolumbien, fügte er hinzu, aber dies sei ihr letztes Mal, weil „die Gefahr von Überfällen zu groß wird".

Sie mussten diese Reisen überhaupt erst deswegen machen, weil die sozialistische Politik Venezuelas die heimische Produktion von Basisgütern zerstört und die Verfügbarkeit von Importen beschränkt hatte. In den frühen Tagen von Chávez' Präsidentschaft betrug der durchschnittliche Nahrungsmittelimport von Venezuela etwa 75 Dollar pro Person. Nachdem Chávez mehr als 40.000 Quadratkilometer private Anbaufläche verstaatlicht hatte, kollabierte die Nahrungsproduktion, und Nahrungsimporte stiegen in die Höhe. Im Jahr 2012, kurz vor Chávez' Tod, hatten die Nahrungsimporte einen Durchschnitt von 370 Dollar pro Person und Jahr erreicht. Heute kann sich die venezolanische Regierung Subventionen für Nahrungsimporte nicht mehr leisten. Dementsprechend müssen die Menschen ihr Essen auf dem Schwarzmarkt besorgen – oder in Kolumbien.

Julian erzählte uns über Sabrina Martin, eine Reporterin, die an einer Geschichte über neue Bäckereiregulierungen in Venezuela schrieb. Sie erzählte ihm, dass Bäckereien importiertes Mehl bei der Regierung kaufen müssen (die ein Monopol auf importiertes Mehl hat). Die Regierung jedoch hat nicht mal genug Mehl, um die Nachfrage zu bedienen; die von der Regierung auferlegten Preiskontrollen machen es den Bäckereien unmöglich, Profite zu erwirtschaften; und die gesetzlichen Bestimmungen, die verlangen, dass Bäckereien an Werktagen Brot anbieten müssen, zwingen Bäckereibesitzer dazu, entweder das Gesetz zu brechen, indem sie Mehl auf dem Schwarzmarkt kaufen, oder leere Regale zu haben – und in jedem Fall wird von ihnen erwartet, ein Verlustgeschäft am Laufen zu halten.

Wir hatten eine ähnliche Geschichte gelesen, bei der die Regierung Millionen Spielzeuge von einem Spielzeugunternehmen beschlagnahmt und die Führungskräfte verhaftet hatte, weil die Preise für die Spielzeuge angeblich zu hoch waren! Solche Geschichten sind in Venezuela nichts Ungewöhnliches. Sabrina interviewte Víctor Maldonado, den Geschäftsführer der Industrie-, Handels- und Dienstleistungskammer von Caracas.[6] Maldonado berichtete, dass allein 2016 mehr als 30.000 venezolanische Unternehmen geschlossen haben. Venezuela hatte 800.000 Unternehmen, bevor Hugo Chávez im Jahr 1999 an die Macht kam, aber heute sind davon nur noch etwa 230.000 verblieben.

Der Bauernverband (Fedeagro) berichtet, dass die Produktion von Reis, Mais und Kaffee in Venezuela um 60 Prozent über das letzte Jahrzehnt gefallen ist. Ebenso fiel die Anzahl von Rindfleisch im Land um 38 Prozent über die letzten fünf Jahre gemäß Vicente Carillo, dem ehemaligen Präsidenten der venezolanischen Rinderranch-Vereinigung.

Der Zusammenbruch der Privatwirtschaften hat die Menschen dazu gezwungen, sich auf die Zuteilungen der Regierung zu verlassen, aber es gibt einfach nie genug. Die Menschen stellen sich morgens früh in die Schlange, um an von der Regierung rationierte Nahrungsmittel und Vorräte zu kommen, aber die Schlangen sind zu lang und die Artikel zu wenige, und die Empfänger sind Ziele für Diebe.

Das führt uns zurück zu den Brücken nahe Cúcuta, wo es keine Staatsmonopol-Großhändler gibt, keine willkürlichen Preiskontrollen und keine Gewinnbeschränkungen und wo Märkte zur Verfügung stellen können, wozu die venezolanische Regierung nicht in der Lage ist.

Die Geschäfte in Kolumbien sind gut ausgestattet. Es gab drei oder vier Apotheken in der Nähe der Brücke, die eine große Vielzahl Medikamente führten. Lebensmittel gab es überall, und Paletten mit Reissäcken wurden permanent von Lkws abgeladen und in die Schaufenster transportiert. Telefonkarten, Speiseöl, Windeln, eingepackte Knabbereien, Fruchtsäfte und viele andere Basisgüter waren weitverbreitet. Es gab Straßenstände, die Essen und Eiscreme verkauften. Laut Julian waren die Preise selbst für lokale Bedingungen recht günstig. Ein Pfund Reis gab es für weniger als einen Dollar.

Das Einzige, das wir nicht finden konnten, war Bier. Es gab Bier zum Mitnehmen in Geschäften, aber wir waren auf der Suche nach einem Platz, wo man sich hinsetzen und Leute beobachten konnte. Am Ende fanden wir ein kleines, staubiges Lokal mit ein paar kaputten Plastikstühlen, das einen Kühlschrank hatte. Es war nicht in einer der Haupteinkaufspassagen, aber es war die einzige Möglichkeit im Umkreis. Wir nahmen uns ein paar Bahias, die jeweils circa 33 Cent kosteten.

Das Bier war nicht nur günstig, sondern wir konnten uns im Vergleich zu den Venezolanern glücklich schätzen, weil Bier dort inzwischen so was wie ein Luxusartikel geworden war. In Venezuela gab es sechs Monate früher überhaupt kein Bier. Ja, Sie haben richtig gehört – ihnen ist das Bier ausgegangen. Empresas Polar, der größte Brauereibetrieb des Landes, der zwischen 70 und 80 Prozent des venezolanischen Bieres produziert hatte, hatte alle seine vier Brauereien im vorangegangenen April geschlossen, als die gemälzte Gerste ausgegangen war.

Um genau zu sein sind dem Betrieb die nötigen Devisen ausgegangen, um Gerste zu importieren.[7] Gerste wächst im tropischen Klima Venezuelas nicht. In einer Marktwirtschaft hätte Empresas Polar die Landeswährung in eine ausländische getauscht, um die zu importierenden Güter zu kaufen, die es benötigte. Aber die venezolanischen Planer kontrollieren den Zugang zu ausländischen Währungen und stellen nicht genug zur Verfügung, damit das Unternehmen die benötigte Gerste importieren kann. Dennoch ist, laut der Regierung, das Problem, dass Lorenzo Mendoza, der Vorstandsvorsitzende von Polar, ein „Dieb und Betrüger" ist, der versucht, das sozialistische Regime zu untergraben.[8] Währenddessen wurden die Venezolaner durstig.

So entsetzlich wie ein Mangel an Bier auch klingt, ist das noch nicht einmal in der Nähe von Venezuelas schlimmsten Problemen. Venezolaner sind nicht nur durstig. Sie sind hungrig. Die meisten Venezolaner haben keinen Zugang zu einem Markt wie dem, auf dem wir uns befanden. Infolgedessen haben, laut einer Studie der Universitäten in Venezuela, drei Viertel der Erwachsenen im Jahr 2016 im Durchschnitt neun Kilo abgenommen. Die Caritas, eine katholische Wohlfahrtsorganisation, befand, dass bei Kindern unter fünf Jahren mehr als elf Prozent an mittelmäßiger oder schwerer Unterernährung litten. Seit unserem Besuch ist die Situation nur schlimmer geworden. Venezolaner haben 2017 im Durchschnitt elf Kilo verloren.[9] Venezuelas sozialistische Politik lässt das Land buchstäblich verhungern.

Zwei Monate nach unserem Besuch veröffentlichte das Gesundheitsministerium eine Statistik, die aufzeigt, dass die Kindersterblichkeitsrate im Jahr 2016 um 30 Prozent gestiegen ist, und der Minister, der die Statistik veröffentlichte, wurde auf der Stelle gefeuert. So viel zu Artikel 83 der venezolanischen Verfassung, der erklärt: „Gesundheit ist ein grundlegendes soziales Recht, und es ist die Verantwortlichkeit des Staates, sie als Teil des Rechtes auf Leben zu garantieren." Ich schätze mal, niemand hat Chávez erklärt, dass ein „Recht" auf ein Stück Papier zu schreiben es nicht auf magische Weise in die Tat umsetzt.

Allerdings hat es durchaus ausgereicht, um die Linken Hollywoods zu überzeugen. Als Chávez 2013 gestorben war, schrieb Sean Penn: „Heute hat das amerikanische Volk einen

Freund verloren, von dem es nie wusste, dass es ihn hat. Und die armen Menschen auf der Welt haben einen Champion verloren." Ähnlich schrieb Oliver Stone, der Oberidiot unter den nützlichen Idioten, der die Farce einer Dokumentation über Chávez, „Mi Amigo Hugo" gedreht hat, die sogar die Zeitschrift „Foreign Policy" „erbärmlich" fand: „Ich beklage einen großen Helden für die Mehrheit seines Volkes und diejenigen, die sich auf der Suche nach ihrem Platz durch das Leben schlagen."[10] Der stets unausstehliche Michael Moore tweetete: „Hugo Chávez erklärte, dass das Öl dem Volk gehört. Er nutzte das Geld aus dem Öl, um 75 Prozent der extremen Armut zu beseitigen, stellte freie Gesundheitsversorgung und Bildung für alle zur Verfügung. Das machte ihn gefährlich."

Nein, was ihn gefährlich machte – für das venezolanische Volk –, war, dass die hohen Ölpreise versteckten, wie er die Wirtschaft des Landes zerstörte. Nachdem Venezuela unübersehbar zu einem wirtschaftlich hoffnungslosen Fall geworden war, wurden die Speichellecker Hollywoods und Linke wie Bernie Sanders plötzlich still. Wenn sie aber die Pistole auf die Brust gesetzt bekommen, geben diese nützlichen Idioten den fallenden Ölpreisen die Schuld an Venezuelas Zusammenbruch, als wäre es ein natürliches Unglück, das jedes Land treffen könnte.

Die Wahrheit ist allerdings, dass nicht nur die Preise gefallen waren, sondern ebenfalls Venezuelas Ölproduktion. Trotz der größten bekannten Ölreserven der Welt befand sich die Ölproduktion auf einem 23-jährigen Tief wegen des Sozialismus. Die verstaatlichten Ölgesellschaften hatten ihre Ölpipelines und -raffinerien nicht instand gehalten, weil sie keine gewinnorientierten Motive dazu hatten.

Kevin Grier, ein Kollege von mir aus den Wirtschaftswissenschaften an der Texas Tech, hat eine geniale empirische Studie mit herausgegeben, die die Leistung der venezolanischen Volkswirtschaft während des Öl-Booms mit der ähnlicher, aber nicht-sozialistischer Volkswirtschaften anderer Länder verglich. Raten Sie mal! Die venezolanische Wirtschaft war gewachsen, aber deutlich weniger als andere Länder; tatsächlich, meint Kevin, wären die venezolanischen Einkommen 20 bis 30 Prozent höher, wenn dort keine sozialistische Politik verfolgt worden wäre. Die hohen Ölpreise versteckten die Tatsache, dass Venezuela wirtschaftlich hinter seine Nachbarn zurückfiel und nur Schritt hielt, wenn es um die Messung von Armut und Kindersterblichkeit ging. Als die Ölpreise fielen, fiel auch die Maske.

Wo bekommt die venezolanische Regierung angesichts des Absturzes der Produktion und des Ausbleibens der Öl-Einnahmen ihr Geld her? Das ist einfach. Sie wirft die Druckerpresse an, und man muss wahrlich kein Ökonom sein, um zu kapieren, dass sich daraus eine Inflation ergibt. Die Preise steigen jedes Jahr schneller und schneller – von über 30 Prozent im Jahr 2008 bis 1.600 Prozent 2016, laut Medienberichten. Heute ist es sogar noch schlimmer. Die Inflation wurde im März und April 2018 auf 18.000 Prozent geschätzt.[11] In der Realität ist es beinahe unmöglich, die Inflation in einem Land mit derart massiven Mängeln und kontrollierten Preisen vernünftig zu messen.

Hyperinflation ist eines der zerstörerischsten Dinge, die eine Regierung einer Volkswirtschaft antun kann. Sie verwüstet die Bilanzen von Banken und anderen Kreditgebern, und als Ergebnis stoppen Kreditaufnahme und -verleih. Praktisch jedes Haus, jede Fabrik und jedes Geschäft, das Sie jemals gesehen haben, wurde mit geliehenen Geldmitteln erstellt, und zusammengebrochene Banken bedeuten keine neuen Häuser, Fabriken oder Geschäfte. Inflation zerstört die Ersparnisse, die Möglichkeit der Menschen, auf lange Sicht in die Zukunft zu planen, und macht aus der gesamten Wirtschaft den Versuch, sein Geld so schnell wie möglich loszuwerden, bevor es seinen Wert verliert.

Mit unserem letzten (halbwegs) kühlen Bier im Magen wagten wir uns zurück in das Handgemenge der Einkäufer und fragten Julian, ob wir in die venezolanische Währung tauschen könnten. Wir hatten nur ein paar Kolumbianische Pesos, und er war sich nicht sicher, ob sie Dollars annehmen würden. Es gab offiziell aussehende Verkäufer in Kiosken und Dutzende inoffizielle Verkäufer, die in den Straßen herumwanderten.

Bob ging auf einen Kerl mit einem 20-Dollar-Schein in der Hand zu und machte eine Geste, dass er ihn gerne in Bolívares wechseln möchte. Der Mann händigte ihm einen 30-Zentimeter-Stapel mit 100-Bolívar-Noten aus, was zu der Zeit die höchste Stückelung im Umlauf war. Bob fragte ihn, ob er kleinere Scheine habe, und er lachte nur, kramte in seiner Tasche und warf ein Bündel Zwanziger und Fünfziger obendrauf. „Gratis!", lachte er.

Man braucht mindestens einen 150-Zentimeter-Stapel Bolívares, um etwas kaufen zu können, das 100 Dollar wert ist. Julian erzählte uns, dass sie die Rechnungen für größere Transaktionen überhaupt nicht mehr zählten. Sie wogen sie einfach. Tatsächlich hatten wir beobachtet, dass einige Venezolaner schweres Gepäck dabei zu haben schienen, wenn sie nach Kolumbien kamen. Es dämmerte uns plötzlich, dass diese Taschen beim Hinweg voller Bargeld waren.

Wir hatten kurz darüber nachgedacht, den nahezu wertlosen Stapel Geldscheine in einen Stripclub in Cúcuta mitzunehmen und es „Geld regnen zu lassen", entschieden uns aber dann doch, dass es nicht gerade klug war, kolumbianische Stripperinnen sauer zu machen. Am Ende entschlossen wir uns, unseren kleinen Anteil im Kampf gegen die venezolanische Inflation zu leisten, indem wir einen Teil des Geldes dem Umlauf entzogen und den Stapel an Geldscheinen als Souvenir mit nach Hause nahmen.

Als wir auf die Warteschlange voller gelber Taxis zugingen, die darauf warteten, reichere Venezolaner und uns nach Cúcuta zu bringen, fragte Bob einen entgegenkommenden Fußgänger: „Por qué vienes aqué?" („Warum kommst du hierher?")

Er schaute über die Brücke, die wir gerade überquert hatten, und murmelte bloß: „No hay nada allí." („Da drüben gibt es nichts.")

Für den Großteil des Jahres 2017 hatte Chávez' Nachfolger, Präsident Nicolás Maduro, eine Zustimmungsrate zwischen 20 und 30 Prozent, während es Proteste gegen die Regierung im Überfluss gab. Trotzdem wurde Maduro Mitte 2018 wiedergewählt, wie die „New York Times" schreibt, mit „weitverbreiteter Desillusionierung", und „über die Hälfte der Wähler hatten ihre Stimme nicht abgegeben", während Kritiker behaupten, dass die Wahl „stark manipuliert" sei.[12]

Das sollte eigentlich niemanden wundern, denn politische Freiheit kann ohne einen hohen Grad an wirtschaftlicher Freiheit nicht überleben. In seinem Buch „Der Weg zur Knechtschaft" von 1944 legt Friedrich August von Hayek, dass eine wettbewerbsorientierte, kapitalistische Wirtschaft notwendig ist, um eine Demokratie zu erhalten, und dass, sobald ein Land „von einem kollektivistischen Credo dominiert wird, Demokratie sich unausweichlich selbst zerstören wird".[13]

Ähnliches meinte Milton Friedman 1962: „Historische Fakten sprechen mit einer einzelnen Stimme über die Beziehung zwischen politischer Freiheit und einem freien Markt. Mir ist kein Beispiel einer Zeit oder eines Ortes bekannt, an dem eine Gesellschaft, die durch große politische Freiheit gekennzeichnet war, nicht etwas Ähnliches wie einen freien Markt genutzt hat, um den Großteil der wirtschaftlichen Aktivitäten zu organisieren."[14]

Der Grund ist einfach. Zentral geplante, sozialistische Wirtschaftssysteme konzentrieren die wirtschaftliche Macht in den Händen der Regierungsplaner, die über ihre wirtschaftlichen Verordnungen Widerspruch bestrafen können. Genau das ist in Venezuela passiert, wo Staatsangestellte gefeuert wurden, als sie eine Petition unterschrieben hatten mit der Forderung, Maduro solle sich einer Neuwahl stellen. 2017 ordnete Präsident Maduro eine Neuwahl für eine verfassungsgebende Versammlung an, die die Verfassung umschreiben und ihm noch mehr Macht geben konnte. Während die Opposition zum Wahlboykott aufrief, drohte die Regierung Staatsangestellten, sie würden gefeuert, wenn sie nicht Maduro unterstützten. Laut Reuters erklärte der Vizepräsident der staatlichen Ölindustrie, Petróleos de Venezuela, seinen Angestellten: „Jeder Manager, Leiter und Vorgesetzte, der versucht, die verfassungsgebende Versammlung zu blockieren, wer nicht wählt oder dessen

Mitarbeiter nicht wählen, muss ab Montag seinen Arbeitsplatz verlassen."[15]

Während der Präsidentschaftswahlen 2018 verbot die Regierung die größten Oppositionsparteien, schlug mit Gewalt Proteste gegen die Regierung nieder und zog die Wahl sieben Monate vor, um Herausforderer zu behindern. Viele Wähler gingen direkt von der Wahlkabine zu nahegelegenen „Roten Punkten", wo die Regierung ihre Ausweise kontrollierte und Essensrationen aushändigte – im Wesentlichen eine Bestechung für das Wählen.

Schließlich brach 2019 eine staatsrechtliche Krise aus, als Juan Guaidó von der oppositionellen Nationalen Versammlung zum Interimspräsidenten erklärt wurde. Von den Vereinigten Staaten und den meisten Nationen der westlichen Hemisphäre wurde er rasch als rechtmäßiger Führer des Landes anerkannt. Während ich diese Zeilen schreibe, stehen das Militär und die üblichen Verdächtigen (Kuba, Nordkorea, Nicaragua et cetera) Maduro bei. Guaidós Partei ist, obwohl weniger extrem als Maduros, Teil der Sozialistischen Internationalen, daher haben wir so unsere Zweifel, dass dieser Wechsel tatsächlich einen Unterschied macht.

Venezuela begann sein Experiment mit dem demokratischen Sozialismus vor über 20 Jahren. Trotz seiner demokratischen Herkunft und dem Glücksfall des Öl-Booms scheiterte der Sozialismus in Venezuela, so wie er überall sonst scheiterte, während er alle in seinen Sog aus wirtschaftlichem Elend und politischer Tyrannei mit sich zieht.

Kapitel 2

Substanz-Sozialismus: Kuba

Mai 2016

Selbst in der Zeit, in der Präsident Obama die Reisebestimmungen gelockert hatte, war es für Amerikaner schwierig, nach Kuba zu kommen. Nach unseren Gesetzen ist es für amerikanische Touristen illegal, die Insel zu besuchen; als Professoren jedoch dürfen Bob und ich zu Forschungszwecken reisen.

Es gab keine kommerziellen Flüge von den Vereinigten Staaten nach Kuba, als wir 2016 dorthin reisten, aber man konnte Charterflüge buchen.[1] Wir buchten zwei Sitze für den 41-Minuten-Flug von Miami nach Havanna für den unfassbaren Preis von 459 Dollar pro Person. Unsere kommerziellen Flüge von Texas nach Miami kosteten noch mal einige Hundert Mäuse das Stück. Mit 700 Dollar kommt man nach London oder Paris; stattdessen landeten wir in Havanna.

Als wir um 8:30 Uhr vom Charterflugzeug aus das Rollfeld betraten, fühlte es sich zunächst an wie jeder andere Ort in der Karibik – warm und schwül, aber nicht unangenehm. Um ehrlich zu sein war zunächst gar nichts unangenehm. Wir kamen mit minimalem Aufwand durch den Zoll und wechselten 1.000 US-Dollar in Pesos. Unter normalen Umständen würde keiner von uns so viel Geld am Flughafen wechseln, denn Flughäfen bieten einem in der Regel die schlechtesten Wechselkurse, die man auf einer Reise antreffen kann. Kuba ist da anders. Die Regierung ist im Besitz aller Banken, Hotels und Wechselstuben, und es werden überall die gleichen Kurse angeboten. Man kann gar keinen besseren Kurs finden, also gibt es auch keinen Grund, es zu versuchen.

Unabhängig von seinem Wirtschaftssystem hat praktisch jedes Land ein paar schöne Hotels und Restaurants. In staatlichen Planwirtschaften wird ein unverhältnismäßig großer Anteil des Geldes für die Wünsche der politischen Anführer ausgegeben – typischerweise olympische Sportmannschaften und einige Vorzeigehotels und -restaurants, um Ausländer zu beeindrucken. Im Fall Kubas beinhaltete dies das opulente „Hotel Nacional", laut Berichten ein Weltklassehotel. Aber wir waren ja auf der Mission, herauszufinden, wie das Leben innerhalb von Kubas sozialistischem System aussah. Dies konnten wir sicher nicht herausfinden, indem wir Cuba Libres an einem schicken Urlaubsort tranken, aber wir wollten uns auch nicht mit dem Bodensatz zufriedengeben. Keiner von uns beiden steht auf unnötiges Leid. Unsere erste Nacht sollte in einem Drei-Sterne-Hotel an der Küste in den westlichen Vororten von Havanna stattfinden, was uns Bobs mexikanischer Freund José Torra empfohlen hatte. Unsere Reservierung beinhaltete einen Shuttle-Bus vom Flughafen aus, aber der Fahrer tauchte nie auf. Es gab eine Menge Taxis, daher war das nicht so schlimm. Wir stiegen in ein modernes, gelbes Auto eines chinesischen Fabrikats mit Klimaanlage und zahlten dafür 25 Dollar. Zu dem Zeitpunkt wussten wir noch nicht, dass dies das angenehmste Auto sein würde, in das wir einstiegen, bis unsere Frauen uns eine Woche später von unseren entsprechenden Flughäfen abholen sollten.

Das Hotel „Neptuno-Tritón" hatte im Jahr 1979 eröffnet, während der Blütezeit der kubanisch-sowjetischen Kooperation. Es hatte zwei Türme, die beide aussahen wie ein sowjetisches Hausprojekt und etwa 20 Stockwerke in den Himmel ragten. Die Türme waren mal glänzend weiß gewesen, wenn man den Postern in der Hotellobby Glauben schenken mochte, aber 37 Jahre Dieselölemissionen und Vernachlässigung hatten sie in eine kränkliche Bräune verwandelt. Die meisten Fenster der oberen Stockwerke waren kaputt.

Die Lobby war, wenn auch nicht klimatisiert, so doch zumindest gepflegt. Bob hatte zwei Zimmer für je 33 Mäuse mit seiner Kreditkarte über eine britische Webseite reserviert. Dank amerikanischer Gesetze, die es amerikanischen Firmen verbieten, Geschäfte mit Kuba zu machen, funktionieren amerikanische Kreditkarten nirgendwo auf der Insel. Mit einem britischen Zwischenhändler umgeht man das Problem. Bob schritt hinüber zur Hotelanmeldung und sagte: „Tenemos una reservacion."

Bobs Spanisch ist besser als meins, was so viel bedeutet wie: Er kann habla poco. Ich habe das bisschen Spanisch, das ich spreche, aufgeschnappt bei Reisen durch spanischsprachige Länder und beim Basketballspielen mit Puerto-Ricanern. Das heißt so viel wie: Ich kann in Restaurants und Kneipen etwas bestellen, einen Basketball fordern und mein Missfallen ausdrücken, wenn ich ihn nicht bekomme. Bob musste die meiste Zeit auf unserer Reise das Sprechen übernehmen.

Die Hotelsekretärin tippte hektisch auf ihrem Computer herum, wobei sie Bob gleichzeitig mit einer genauso hektischen Konversation auf Spanglisch vereinnahmte.

Er sagte zu mir: „Sie können unsere Reservierung nicht finden. Sie wird die britische Firma anrufen und empfiehlt uns, in der Lobby zu warten." Wir entschieden uns dafür, stattdessen in der Bar zu warten.

Cristal ist eines der leichteren Biere Kubas mit 4,9 Prozent Alkoholanteil. Das andere Bier, Bucanero, ist mit 5,5 Prozent etwas stärker und hat ein wenig mehr Würze. Das ist das Ausmaß der Biersorten in Kuba. Aber naja, immer noch besser als Venezuela. Zumindest ist Kuba nicht das Bier ausgegangen, obwohl es dort auch Mängel gegeben hat.[2]

Zwei Cristals später winkte die Hotelsekretärin Bob zurück zu ihrem Schalter. Sie hatte die britische Firma nicht erreichen können. Bob löste das Problem auf kapitalistische Weise. Er zahlte 60 Dollar in bar für ein Zimmer mit zwei Betten.

Zwei Cervezas verursachten bei mir noch keinen Tunnelblick, der stark genug war, um über die Schäbigkeit des Hotels hinwegsehen zu können. Drei der vier Aufzüge waren außer

Betrieb, und wir warteten eine Ewigkeit, bevor wir uns entschieden, mit unseren Taschen die fünf Treppen hochzulatschen. Unser Zimmer lag am Ende eines dunklen Ganges, und um die Tür aufzubekommen, benötigte Bob die Schlüssel und seine Schulter.

Zunächst sah das Zimmer in Ordnung aus. Die Betten waren ordentlich gemacht, und obwohl der Knopf fehlte, ging die Klimaanlage an und blies kühle Luft aus. Das war wichtig, da ich nach dem Treppensteigen schwitzte wie ein Schwein.

Vom Balkon aus, mit seinem rissigen Glasgeländer, hatten wir einen Blick über das Meer, die verfallenen Zwillingstürme und einen verlassenen Innenhof. Das Badezimmer war jedoch ein Schmuckstück. Eine der metallenen Deckenplatten fehlte, überall war Schimmel; und wie wir am nächsten Morgen herausfanden, war fließendes Wasser nicht garantiert.

Bob und ich sind schon auf viele Berge gestiegen, und wir haben viele Nächte auf dem Boden geschlafen. Wir waren definitiv schon mal ohne sanitäre Einrichtungen ausgekommen. Das hier war nichts, was wir nicht geregelt bekamen. Wir entschieden uns dazu, etwas am Pool zu entspannen.

Zum Glück erwischten wir den Aufzug, als er an unserem Stockwerk entlanggepoltert kam. Er war vollgestopft mit Menschen und ihren Habseligkeiten, und als wir uns dazuquetschten, kam mir kurz der Gedanke, wie es sich anfühlen musste, Kuba mit dem Boot zu verlassen.

Der Pool war auch nicht besser. Leere Bierdosen trieben durch das trübe Wasser. Die 20 Plätze an der Poolbar waren völlig heruntergekommen, und der Spiegel hinter dem Tresen war zerbrochen. Zum Glück gab es eine Imbissbude, die Bier verkaufte. Das unmittelbare Umfeld des verfallenen Hotels wurde hauptsächlich durch den schönen Meerblick ausgeglichen, solange man den mit Müll übersäten Strand und die zurückgelassenen, halb versunkenen Ölfässer im felsigen Sand ignorierte.

Vor der Revolution hatte Kuba eine blühende urbane Mittelschicht, nebst einer weitverbreiteten ländlichen Armut. Die Sozialisten des 20. Jahrhunderts erklärten, dass Sozialismus mehr Gleichheit bieten und den Kapitalismus übertreffen würde, indem er verschwenderischen Wettbewerb, Konjunkturzyklen und räuberische Monopole beenden würde. Der Sozialismus hat diese Versprechen weder in Kuba noch irgendwo anders eingehalten. Heute ist Kuba ein armes Land, das durch Sozialismus noch ärmer gemacht wurde.

Und Folgendes ist der Grund: Vor fast 100 Jahren erklärte der österreichische Ökonom Ludwig von Mises, dass Sozialismus, selbst wenn er von wohlwollenden Despoten geführt und von Arbeitern, die tatsächlich für das Gemeinwohl arbeiten wollen, bevölkert wird, trotzdem nicht an die Leistung des Kapitalismus heranreichen würde. Privateigentum ist notwendig, um einen freien Austausch von Arbeit, Kapital und Waren zu garantieren, der korrekte Preise bestimmt. Ohne korrekte Preise können sozialistische Planer nicht bestimmen, welche Konsumgüter benötigt werden oder wie man sie am besten produziert. Sozialistische Planer kompensieren ihre fehlenden Marktpreise in der Regel, indem sie auf die Preise des kapitalistischen Auslands oder ihre eigenen Schwarzmarktpreise schauen, aber ausländische Marktpreise und inländische Schwarzmarktpreise sind offensichtlich schlechte Äquivalente für die heimischen freien Marktpreise – auch „korrekte" Preise genannt.

Sozialismus gibt Regierungsbeamten und Bürokraten, den Planern des Systems, eine gewaltige Macht – und mit dieser Macht folgt Korruption, Missbrauch und Tyrannei. Es ist kein Zufall, dass die schlimmsten Massenmorde des 20. Jahrhunderts in sozialistischen Ländern geschahen, wie in der Sowjetunion, dem kommunistischen China und Nazideutschland (Nationalsozialismus), wo die Planer einfach entschieden, Bevölkerungen zu eliminieren, von denen sie dachten, dass diese ihren Plänen in die Quere kommen würden.[3]

Die Massenmorde wurden im Namen der Schaffung eines „neuen sozialistischen Menschen" gerechtfertigt, eines perfekten Arbeiters, der seinem ausgebeuteten kapitalistischen Gegenstück überlegen wäre, aber dieser Typ wollte niemals auftauchen. Sozialistische Arbeiter waren chronisch unterlegen, weil sie und ihre Führungskräfte für ihre Leistung nicht belohnt wurden. Arbeiter und Führungskräfte werden in einem kapitalistischen System belohnt und haben daher einen Anreiz, besser, innovativer und experimentierfreudiger zu werden und sich neues Wissen und neue Fertigkeiten anzueignen.

Das im Zerfall befindliche Bauwerk des Hotel „Tritón" war eine vor sich hin bröckelnde Ehrung der planwirtschaftlichen Probleme Kubas. Kuba hatte die Ressourcen, um große Kapitaleinsätze in staatlichen Unternehmen durchzuführen, als es Hilfe durch die Sowjetunion erhalten hatte. Aber viele dieser Hotels können nicht genug Umsatz erwirtschaften, um das anfängliche Kapital zu erhalten. Die kubanischen Staatsplaner mussten daraufhin auswählen, welche Hotels sie subventionieren, um den Verfall aufzuhalten. Das Hotel „Tritón" bekam keinen Zuschuss. Es war verrottet, von innen wie von außen. Und niemanden interessierte es, weil es niemandes Eigentum war.

Nach etwa einer halben Stunde, die wir am Pool gesessen hatten, hatte ich genug von der Entspannung. „Hier ist es zum Kotzen!"

„Sozialismus ist zum Kotzen!", meinte Bob und kippte sein Bier runter. „Lass uns in die Stadt gehen und mal sehen, was passiert."

Nach einer 30-minütigen Autofahrt in einem sowjetischen Lada, den man am besten als lebensgroßes Matchbox-Auto beschreiben könnte, ließ unser Fahrer uns in La Habana Vieja, beziehungsweise Alt-Havanna, raus. Die meisten Touristen besuchen diesen Stadtteil, um die alten Kirchen und die historische Festung zu besichtigen, aber wir wollten den Handel beobachten. Wir fanden heraus, dass 58 Jahre Sozialismus es trotzdem nicht geschafft hatten, den unternehmerischen Geist aus dem kubanischen Volk herauszutreiben.

„Señor, suchen Sie Zigarren? Heute ist Ihr Glückstag. Cohibas zum halben Preis. Kommen Sie mit!"

Während unserer Reise hatten wir diesen Spruch Dutzende Male in bestimmt zehn verschiedenen Versionen gehört. Anscheinend war jeder Tag „unser Glückstag", und nahezu jeder

Kubaner in den Straßen kannte einen Ort, an dem wir „echte" kubanische Zigarren mit erheblichem Preisnachlass kaufen konnten. Die staatlichen Geschäfte und Fabriken monopolisieren Cohibas und andere namhafte Marken und verkaufen sie zu Preisen, die sich kaum ein Kubaner leisten kann, weshalb Kubaner billigere Zigarren rauchen, und die Straßenhändler betrügen die Touristen, indem sie ihnen diese umgepackt in Souvenir-tauglichen Boxen mit aufgeklebtem Markenlogo verkaufen.

Nur um fair zu sein: Nicht alle Straßenunternehmer waren Betrüger. Viele Kubaner drängten sich in Treppenaufgängen und anderen Nischen, in denen sie Bilder oder Handarbeiten zum Verkauf anboten. Allerdings kam keines dieser Güter aus offiziellen Handelsunternehmen.

Nach zehn Minuten Herumlaufen stellte Bob im Stillen fest: „Es gibt keine Geschäfte. Und keine Reklametafeln." Das war nicht ganz richtig. Es gab einige Geschäfte, aber die Abwesenheit von normalem Handelsverkehr war doch auffallend.

In einer kapitalistischen Wirtschaft erschaffen Unternehmer Geschäfte, um Profite zu machen, die sie dadurch verdienen, dass sie ihre Kundenwünsche befriedigen. Aber in einem sozialistischen System entscheidet ein Bürokrat darüber, welches Geschäft eröffnen darf, wo es tätig werden darf und was es verkaufen darf, und ihn interessiert es nicht, was der Kunde denkt. Ein sozialistisches System anzunehmen, ist so, als würde man seine gesamte Wirtschaft in eine riesige Führerscheinzulassungsstelle verwandeln.

Unsere Strategie, Havanna zu erkunden, war einfach: Herumlaufen, bis uns zu heiß wurde, einen Halt für so viele Biere machen, bis wir uns erfrischt fühlten, und bei Bedarf den gesamten Vorgang wiederholen. Die Abwesenheit von Werbeschildern machte das für uns schwerer, als wir gedacht hätten. Wenn wir davor standen, war es einfach genug, Restaurants und Kneipen zu erkennen. Aber es war schwierig, an einer beliebigen Straßenecke zu stehen und zwischen Straßen mit Wohnungen und Straßen mit Geschäften zu unterscheiden. Das ist kein Symptom von Armut. Gehen Sie in irgendein nicht-sozialistisches Land auf der Welt, und es wird dort keinen Mangel an Schildern oder Werbeplakaten geben. Bierunternehmen geben in beinahe jedem Land der Welt den Einzelhändlern Werbegeschenke mit ihrem Firmenlogo darauf, um ihre Produkte anzupreisen. Nicht so in Kuba. Das Problem ist einfach, dass niemand mehr oder weniger Geld verdient, je nachdem, ob man sich in sein Geschäft verläuft oder eben nicht. Deswegen kümmert sich niemand einen feuchten Kehricht darum, ein Schild aufzustellen.

Bei einer Bierpause in Zentral-Havanna, ein gutes Stück entfernt von der Touristengegend von Habana Vieja, fanden wir uns auf einmal mitten in einer Happy-Hour-Menschenmenge. Dort waren viele junge, attraktive Frauen. Die Musik war laut und sehr gut, und der Alkohol floss in Strömen.

Fürs Protokoll: Bob und ich hatten unsere High-School-Freundinnen geheiratet, und auch wenn wir während unserer Reisen viel trinken, waren wir nicht auf der Suche nach Sex. Die Risiken von Krankheiten und Scheidungen sind ein viel zu hoher Preis für eine schnelle Nummer. (Und weil wir wissen, dass unsere Frauen dieses Buch lesen werden, sei noch hinzugefügt: außerdem total unmoralisch!)

Eine junge Chica begann mit Bob ein Gespräch auf Spanisch und lud uns ein, mit ihr und ihren Freundinnen zu feiern. Diesen Kniff kannten wir zu dem Zeitpunkt schon. Im besten Fall suchten sie nach reichen Touristen, die ihnen den ganzen Abend lang Essen und Trinken spendierten. Im schlechtesten Fall würden wir nackt und zusammengeschlagen am Stadtrand von Havanna enden. Bob lehnte so lange höflich ab, bis sie wegging. Als wir gingen, folgte uns eine andere Chica nach draußen, um dasselbe Angebot ganz offensichtlich wesentlich eindeutiger zu wiederholen.

In Zentral-Havanna war der Handel abseits von Tabak, Alkohol oder Sex niederschmetternd. Es lebten doch Habaneros in dieser Nachbarschaft. Wohin gingen die einkaufen?

Wir fanden ein Geschäft, das aus einem großen, offenen Raum mit einer hohen Decke und stützenden Zementsäulen bestand. Dort war so viel Platz, dass eine Fabrik darin hätte eröffnen können. Stattdessen gab es auf der rechten Seite eine lange, orangene Essenstheke mit frittiertem Hähnchen, Reis und frittierter Kochbanane. Auf der linken Seite des Raums, hinter einem Tresen, gab es Regale mit Rum, Kisten mit der örtlichen Cola, ein paar Konservendosen, Eierkartons und große Säcke Reis neben einer Waage. Eine Schlange voller Kubaner bummelte sich ihren Weg zum Tresen. Dieser Ort war eine seltsame Mixtur, irgendwo zwischen der schlimmsten Art Schulkantine und einem Supermarkt, bei dem 95 Prozent des Lagers geleert worden war.

Die beschränkte Anzahl von Produkten, aus denen man wählen konnte, und die durchmischte, völlig unlogische Kombination von Produkten ist typisch für kubanische Geschäfte. Ein kleiner Laden auf der Hauptstraße in Zentral-Havanna verkaufte Sanitär-Armaturen, Kleider, Kerzen und irgendeine Art Reinigungsmittel. Wir fanden auch eine Art Bedarfsartikelladen mit ungefähr dem, was man erwarten würde: Sprudel, Saft, Wasserflaschen, Knabbereien, Zigaretten und einige Konserven. Aber hier hatte man, genauso wie in allen anderen Läden, bei jeder Produktkategorie immer nur eine einzige Sorte, egal ob es sich um Waschmittel, Papiertücher oder Mehl handelte. Bob versuchte, ein Foto zu machen, aber ein Angestellter meinte, dass Fotos in Geschäften nicht erlaubt seien.

* * *

Aus einem glücklichen Zufall heraus fanden wir ein Einkaufszentrum. Wir hatten keine Schilder gesehen, aber irgendjemand öffnete gerade eine Tür, und uns blies der erfrischende Wind einer Klimaanlage entgegen. Die Auswahl der Produkte war etwas besser, aber immer noch ziemlich beschränkt. Bob fasste die Einkaufssituation Havannas in vier Worten zusammen: „Das ist einfach traurig." Ich versuchte, eine Cola zu finden, aber das war so gut wie unmöglich. Sie hatten nur ihre eine eigene Marke, die ich „Kommunisten-Cola" getauft hatte.

Es wird allerdings nicht alles in Kuba vom Staat reguliert. 1997 wurde es in Kuba legal, ein Geschäft registrieren zu lassen und bis zu zwei Zimmer in den eigenen vier Wänden zu vermieten. In noch jüngerer Vergangenheit wurde die Zwei-Zimmer-Regel aufgehoben, Hausbesitzern wurde erlaubt, Menschen, die nicht zur eigenen Familie gehörten, einzustellen und für sich arbeiten zu lassen, und die staatliche Steuer wurde auf 25 Prozent gesenkt. Seitdem floriert der Mietwohnungsmarkt.

Um den Kontrast zwischen staatlichen Hotels und privaten „Casas particulares" zu untersuchen, buchte ich zwei Nächte in einer Casa in Zentral-Havanna. Die Besitzerin war mit einem Iren verheiratet und lebte die meiste Zeit des Jahres in Irland, aber eine Nachbarin namens Laura traf sich mit uns außerhalb des dreistöckigen Wohnhauses. Die Außenfassade war unauffällig – weiß mit grüner Farbe und Balkone auf den meisten Ebenen mit daran befestigten Wäscheleinen.

Laura begrüßte uns sofort, und im Gegensatz zum Hotel „Tritón" hatte sie den Beleg für unsere Rechnung über Airbnb. Nachdem wir nach zwei Treppenläufen oben angekommen waren, öffnete sie die Tür zu einer gut gepflegten Zwei-Schlafzimmer-Wohnung. Es gab eine Kombination aus Wohnzimmer und Küchenecke, einen Raum mit einem Doppelbett und eines mit zwei Einzelbetten. Das Badezimmer war sauber und mit Toilettenpapier ausgestattet und hatte zuverlässiges heißes Wasser. Die beiden Klimaanlagen funktionierten gut, und der Balkon bot uns die Aussicht auf das Meer und den Malecón, Havannas berühmte Strandpromenade. Bob war sich nicht sicher, was „Malecón" bedeutete, aber er machte Witze, dass man es als „Mangelökonomie" übersetzen könnte, und das traf es recht gut. Für 75 Dollar die Nacht war die Wohnung sogar drei Dollar günstiger als das Hotel „Tritón", aber bei weitem schöner und in einer deutlich besseren Gegend.

Der enorme Unterschied zwischen dem staatlichen Hotel und der privaten Mietwohnung war kein Zufall. Nachdem wir zwei Nächte in unserer Casa particular in Zentral-Havanna verbracht hatten, unternahmen wir eine mörderische sechsstündige Autofahrt zur alten spanischen Kolonialstadt Trinidad an der zentralen Südküste. Trinidad, gegründet 1514, war das wichtigste Zentrum für den Zucker- und Sklavenhandel, und im Jahr 1988 wurde es zum Unesco-Weltkulturerbe. Wir kamen dort ohne die Reservierung für eine Unterkunft an, weil wir im Reiseführer gelesen hatten, dass es in dieser kleinen Stadt mehr als 500 private Wohnungen und Zimmer zu vermieten gebe.

Unser unternehmungslustiger Fahrer versuchte uns direkt zu der Casa particular eines Freundes von ihm zu führen, aber wir lehnten ab. Wir hatten das Gefühl, dass wir schon für das Mittagessen, das er auf der Überfahrt organisiert hatte, zu viel bezahlt hatten, und bestanden darauf, zur Plaza Mayor zu gehen, dem zentralen Marktplatz. Nach sechs verschwitzten Stunden in einem 51er Plymouth, bei dem uns nur der Wind Abkühlung verschafft hatte, interessierte uns ziemlich wenig, wo wir die Nacht verbringen würden. Wir wollten bloß kühles Bier, und davon eine Menge.

Wir liefen etwa 20 Schritte und kamen an einer anständig aussehenden Kneipe mit Ventilatoren vorbei, und wir waren bei unserem zweiten Bier, als uns ein Kerl am Tisch gegenüber auffiel, der einen alten russischen 1950er-Schrankfernseher als Stuhl benutzte, während zwei Stühle umgedreht als Dekoration an der Wand hingen. Dieses Bild erfasste die relative Preisstruktur in Kuba perfekt.

Unsere Kellnerin bemerkte unsere Taschen und fragte uns, ob wir ein Zimmer benötigten. Zuerst lehnte ich ab, weil wir gehört hatten, dass die Zimmerpreise um fünf Dollar steigen, wenn ein Zwischenhändler einen zum Haus bringt. Aber sie sagte, dass der Besitzer eine Wohnung über der Kneipe frei habe. Keine Taschen mehr durch die Hitze zu schleppen, klang reizvoll. Ebenso eine voll ausgerüstete Bar die Treppe runter! Ich ließ Bob mit den Taschen zurück und ging nach oben, um den Besitzer zu treffen. Bob warnte mich noch, dass er maximal 50 Dollar ausgeben wolle.

Das Zimmer war groß, sauber und gut gepflegt, mit zwei Einzelbetten, einer kühlen Klimaanlage und einem Badezimmer mit zuverlässigem heißen und kalten Wasser. Es gab eine große Terrasse mit Tischen, Stühlen und Aschenbechern, was mir sehr gelegen kam, um meinen kettenrauchenden Zigarrenkonsum fortzusetzen, nachdem Bob pennen gegangen war.

„Le cuenta noche?", fragte ich meinen Gastgeber und war froh, dass Bob nicht da war, um sich über mein entsetzliches Spanisch lustig zu machen.

„Veinticinco." 25 Dollar. Wir nahmen es für zwei Nächte.

Wir kehrten zwei Tage später nach Zentral-Havanna zurück, wieder ohne Reservierung. Wir hatten geplant, in der Casa particulares zu bleiben, da die anderen beiden so angenehm gewesen waren. Aber uns war nach der langen Fahrt wieder heiß, wir waren zerknittert und mürrisch, daher waren die obersten Prioritäten Bier und Essen. In der Reihenfolge. Etwa zehn Minuten Fußweg vom Kapitol entfernt fanden wir einen Platz zum Mittagessen mit einem Balkon und einer Brise aus einem der alten Hauptboulevards, der einen breiten, baumgesäumten Fußgängerweg in der Mitte hatte. Das staatliche Hotel „Caribbean" war nur zwei Häuser weiter.

Ich fragte Bob, ob wir das Hotel ausprobieren sollten, weil ich keine Lust mehr hatte, meine Tasche durch die Hitze zu schleppen. Bob ließ sich von den Hotelmitarbeitern das Zimmer zeigen, bevor er buchte, und ich kann nur annehmen, dass die eiskalte Klimaanlage ihn gegenüber dem Dreck in der Umgebung desensibilisiert hatte, denn er reservierte es für 50 Dollar die Nacht.

Ja, die Klimaanlage war erfrischend, aber die kaputte Badezimmertür, der gesprungene Toilettensitz, der Schimmel in der Dusche, die Abwesenheit von heißem Wasser, die Seifenüberreste unseres Vorgängers, Löcher in meinem Handtuch, verdächtig aussehende Flecken auf Bobs Handtuch und das benutzte Glas, das aus einer Tasche mit der Aufschrift „sauber" kam, waren erheblich weniger beeindruckend.

Die staatlichen Hotels in Kuba sind zum Kotzen, aber sie sind nicht zum Kotzen, weil Kuba arm ist. Sie sind zum Kotzen, weil es kein Schwein interessiert. Die Menschen, die Casas particulares besitzen, interessiert es sehr wohl, weil sie Profit erwirtschaften, wenn Menschen sich dazu entscheiden, dort zu bleiben. Ihre Gier nach mehr Geld treibt sie dazu, Teile ihres Umsatzes zu reinvestieren, um ihr Eigentum instand zu halten und zu verbessern, so dass mehr Menschen sich zukünftig dazu entscheiden, bei ihnen zu bleiben.

Private Eigentumsrechte geben Menschen den Anreiz, ihre Ressourcen (zum Beispiel Wohnungen) für die Zukunft zu erhalten.

Was für die Unterbringung gilt, gilt auch für Essen, wie wir im Laufe unserer Reise feststellten. An unserem zweiten Morgen in Havanna, nachdem wir das Hotel „Tritón" verlassen hatten, baten wir den Taxifahrer, uns an einem Restaurant in der Nähe unserer Casa particular rauszulassen. Er ließ uns vor einem unscheinbaren, mehrstöckigen Gebäude raus. Es gab eine große, offene Tür und ein gut ausgebautes Treppenhaus, aber ansonsten nichts, was dieses Gebäude von anderen unterschied. Als wir die Stufen hinaufstiegen, sah das völlig anders aus.

„El Guajirito" ist eines der etwa 2.000 privaten Restaurants in Havanna. Kuba hatte 1993 begonnen, private Restaurants zuzulassen, aber zu der Zeit waren sie noch auf zwölf Sitze beschränkt, es war verboten, Meeresfrüchte und Fleisch zu servieren, und sie mussten sehr hohe Steuern bezahlen. Im Jahr 2010 berichtete das Staatsfernsehen, dass es nicht mehr als 74 privat betriebene Restaurants in ganz Havanna gebe. 2011 wurden die Restriktionen gelockert; Restaurants durften nun Sitzplätze für bis zu 50 Leute anbieten. Das Verbot von Fleisch und Meeresfrüchten wurde aufgehoben.

Im „El Guajirito" gab es drei große klimatisierte Speisesäle und eine gut ausgestattete Bar. Das gesamte Lokal war in einer Art lateinamerikanischem Cowboy-Stil dekoriert. Die große, handelsübliche Edelstahlküche hätte man genauso gut in einem

Edelklasserestaurant in den Vereinigten Staaten vorfinden können.

Bob war genauso begierig darauf, dort zu essen, wie ich. „Dieses Restaurant würde jede Gesundheitsinspektion der Vereinigten Staaten bestehen." Die Höhe des investierten Kapitals war in der Tat beeindruckend.

„Die örtlichen Nachwuchstalente sind auch nicht schlecht." Bob deutete auf eine attraktive junge Bedienung, die einen kurzen Rock, eine reizende Cowboy-Bluse und einen Cowboy-Hut trug. Alle Bedienungen waren attraktiv und sprachen genauso gut Englisch wie jeder, den wir in Kuba trafen. Kurz und knapp: Das Humankapital passte zum physischen Kapital, das in das Lokal investiert worden war.

Wir begannen mit einem Hauscocktail, der etwas „weiblicher" war, als wir erwartet hatten, und bestellten dann eine Flasche Wein und einen Aperitif. Mein Essen, Garnelen, karibischer Hummerschwanz und Fisch, war ziemlich gut, genauso wie Bobs Ropa Vieja.

Bei einem Nachtisch-Mojito fragten wir den Geschäftsführer nach den Gesetzen, die ein privates Restaurant dieser Größenordnung regelten, da es in diesem Restaurant eindeutig mehr als 50 Sitzplätze gab.

„Amerikanische Spione! Ihr versucht, etwas über unser System herauszufinden!", witzelte er. Lustig, aber er wich der Frage aus, daher fragten wir erneut. Am Ende zuckte er mit den Schultern, legte die Hand über die Augen und sagte: „Naja, ich weiß auch nicht. Es könnte ein wenig…", und seine Stimme verschwand. Soweit wir es uns zusammenreimen konnten, bedeutete das, dass ein Restaurant so groß sein kann – inoffiziell natürlich –, wenn man weiß, wie man das System benutzt. Später lernten wir, dass einige Restaurants verschiedene Lizenzen für ein Café und ein Restaurant erwarben und sie dann kombinierten, um um die 50-Personen-Beschränkung herumzukommen.

Wir aßen die meiste Zeit der Woche in privaten Restaurants. Keines der anderen war so ausgefallen wie das „El Guajirito", aber die meisten servierten ähnlich gutes Essen. Und das war das Problem. Die Menüs waren praktisch überall gleich. Sozialismus beansprucht ja, Gleichheit zu fördern, aber was er liefert, sind bloß Kopien.

Privat geführte Restaurants können auch nur wenig dafür tun, die kulinarische Bandbreite von Kubas beeinträchtigter Gastronomie zu verbessern, weil alle dieselben Probleme damit haben, unterschiedliche Zutaten aus der staatlich kontrollierten Nahrungsmittelindustrie zu erhalten. Über die Woche stellten wir fest, dass sich dieselben paar Dutzend Einzelzutaten auf jeder Menükarte wiederfanden, normalerweise auch noch ähnlich zubereitet. Der Mangel an Gewürzen war spürbar. Manche Restaurants haben „Kuriere", die Zutaten aus den Vereinigten Staaten, Spanien und Mexiko schmuggeln. Tabasco ist für sie ein beliebtes Transportgut, und Bob nutzte es für nahezu jede Mahlzeit.

Nach einer Woche ohne Abwechslung in unserer Ernährung entschieden wir uns an unserem letzten Abend auf der Insel, ein staatliches „italienisches" Restaurant auszuprobieren, das am Hauptboulevard zwischen dem beschissenen Hotel „Caribbean" und dem Kapitol lag. Wir waren enttäuscht, als wir sahen, dass „italienisch" nicht viel mehr bedeutete als ein paar Standard-Pizzen und ein paar verschiedene Sorten Nudeln, neben den gleichen Hühnchen-, Schweine-, Meeresfrüchte- und Rindfleischgerichten, die wir auch sonst überall bekamen.

Wir bestellten zwei Bier und „Mozzarella aus dem Ofen" als Appetitanreger. Zu behaupten, es sei das Äquivalent eines Käse- oder Salsa-Dips von Chio, wäre eine Beleidigung für Chio Chips. Es war einfach ein dampfender Topf mit fettigem, weißem Schmalz. Wir verließen das Restaurant ohne noch mehr zu bestellen und fanden auf der gegenüberliegenden Straßenseite ein privates Restaurant auf dem Dach. Das Menü enthielt das Übliche, aber wir wählten das Restaurant wegen seiner Lage.

Meistens wird ein Kompromiss zwischen Preis, Qualität und Lage getroffen. In kubanischen Restaurants, ob nun staatlich oder privat, bewegen sich die Preise in einem Bereich zwischen 15 und 18 Dollar, und Qualität und Auswahl sind bei den meisten Etablissements gleich. In Amerika beeinflusst der Preis die Entscheidung. Steak gegen Hamburger? Ein nettes Restaurant mit extravagantem Service oder ein lässiger Ort? Mischgetränke oder Bier? In Kuba sind die Preise überall gleich, daher aßen wir eine Menge Hummer, saßen lieber bei einer guten Lage draußen und tranken mehr Rum als Bier.

Mit Sicherheit klingt es verführerisch, „Hummer, Außenbalkon, Rum" zu lesen und sich zu denken: „Das klingt nicht allzu schlecht!" Und für einen selbst ist es das wohl auch nicht. Aber die meisten Kubaner können es sich nicht leisten, an solchen Orten zu essen, wo wir gegessen haben, und das kubanisch-sozialistische System kann nicht einmal reichen Touristen eine Auswahl anbieten. Nach einer Woche hatten wir die Nase vom Essen voll. Aber wir konnten gehen; Kubaner sitzen auf ihrem lausigen Essen fest (außerhalb von privaten Restaurants) und haben beschränkte Zutaten, und solange sie in ihrem Sozialismus hängen, wird die geringe Auswahl so bleiben.

Der Mangel an Wettbewerb und freien Marktpreisen in Kubas Wirtschaft führt auch noch zu anderen sozialen Konsequenzen. Bobs Kollege an der Southern Methodist University W. Michael Cox erklärte, dass der Grund dafür, dass Kuba so viele großartige Musiker hervorbringt, darin liegt, dass sie prinzipiell genauso bezahlt werden wie jeder andere auch – warum also eine dreckige Arbeit annehmen wie Klempner, wenn man in einer Kneipe singen und spielen kann? Genauso wie Hummer, Außenbalkone und Rum klingt das zunächst gut. Aber wenn man Leute für angenehme Arbeit genauso bezahlt wie für dreckige, hat man am Ende verstopfte Rohre und einen Mangel an zuverlässig fließendem Wasser, wie wir es im Hotel „Tritón" erlebt haben.

Nirgends war die konfuse Preisstruktur Kubas offensichtlicher als auf dem Automobilmarkt. Bei unserer Reise durch das Land sahen wir eine Menge cooler Autos, und auch wenn es ein Klischee ist, darüber zu schreiben, müssen wir zugeben, dass es ziemlich cool war, in amerikanischen Autos aus den 50er Jahren durch Havanna zu fahren. Warum sind die Autos so alt? Weil die

Regierung das Angebot von Autos durch Importbeschränkungen kontrolliert und die Menschen sie sich nicht leisten können.

Es gibt keine zuverlässige Art, Kubas Pro-Kopf-Einkommen zu berechnen. Die Weltbank versucht nicht einmal, die Anzahl an Kubanern zu ermitteln, die in extremer Armut leben, und Bobs wirtschaftlicher Freiheitsindex schließt Kuba nicht ein, weil er nicht genug zuverlässige Daten sammeln kann, um das Land einzustufen (obwohl wir uns schon ziemlich sicher sind, dass es zusammen mit Venezuela ziemlich weit unten liegt). Es ist deutlich unkomplizierter, wenn man das Bruttoinlandsprodukt (BIP) pro Person in einer marktwirtschaftlichen Ökonomie berechnen möchte. Das BIP ist einfach ein Maß des Dollar-Wertes von allen neuen Produkten und Dienstleistungen, die in einem Jahr verkauft werden. In einer Marktwirtschaft, in der Preise auf Basis von Angebot und Nachfrage gebildet werden, können wir alle Transaktionen addieren und bei einer groben Schätzung der Wertschöpfung in dieser Marktwirtschaft landen. In Kuba ist die Regierung für die meisten Einkäufe verantwortlich und kontrolliert die Preise. Es ist praktisch bedeutungslos, alle Transaktionen zu addieren, weil die Preise nicht dem Wert für die Konsumenten entsprechen.

Etwa 70 Prozent der Kubaner arbeiten für den Staat bei einem durchschnittlichen Einkommen von gerade mal 25 Dollar im Monat. Dies beinhaltet natürlich nicht die kostenlosen sozialen Dienste, das subventionierte Wohnen und die Versorgung, daher sind Kubaner in Wahrheit reicher als das. Trotzdem kann man, auch wenn die Schätzungen variieren, unter dem Strich festhalten: Kubaner sind arm.

Die kubanische Regierung hat den Import von Autos für mehr als 50 Jahre gesperrt. Erst kürzlich durften Leute mit einem speziellen „Genehmigungsschreiben" des Transportministeriums Autos einführen. Im Dezember 2013 entschied die kubanische Regierung, wieder schrittweise Automobile zu importieren, aber die Preise blieben hoch.

Laut Kubanern, die wir gefragt hatten, verkaufen sich amerikanische 50er-Jahre-Autos – instand gehalten bis zu dem Punkt, wo sie gerade so funktionieren – für etwa 15.000 Dollar, wahrscheinlich das Dreifache von dem, was ein Auto im gleichen Zustand in den Vereinigten Staaten kosten würde. Erstaunlicherweise verkauften sich sogar die abstoßenden russischen Ladas und Moskwitschs für 8.000 bis 10.000 Dollar. Es stellte sich heraus, dass die Angebot-und-Nachfrage-Lektionen, die wir unsere Studenten über all die Jahre gelehrt hatten, korrekt waren. Trotz geringen Einkommens und daraus folgender niedriger Nachfrage nach Autos schießen die Preise durch die Decke, wenn das Angebot nur eingeschränkt genug ist.

Wir fanden es cool und retro, in diesen alten Autos die kurzen Distanzen in Havanna zurückzulegen. Aber eine achtstündige Autofahrt in einem 58er Mercury war eine andere Geschichte. Wenn die Autobahn ordentlich ausgebaut war und die Morgenluft frisch durch die großen Fenster zirkulierte, ging es uns gut, aber wenn sich die Straßenqualität verschlechterte, sich unsere Geschwindigkeit verlangsamte, die Luft heißer wurde und uns die schwache Federung des alten Autos herumwarf, wurden aus uns zwei schwitzende und miesepetrige Amerikaner, die sich von den vielen „So-da-Brücken" des Regimes, die die Autobahn umfassten, oder den Fahrtkosten von 150 Dollar (sechs Mal so viel wie der monatliche Durchschnittslohn) nicht mehr unterhalten fühlten.

Als wir das kleine Dorf Puerto Esperanza an der Nordküste erreichten, hatte ich genug geschwitzt, um einen klatschnassen Abdruck auf dem Autositz zu hinterlassen. Glücklicherweise gab es eine örtliche Kneipe am Meer, und ein paar Bier stellten unseren Willen, weiterzumachen, wieder her.

* * *

Wir setzten unsere Reise in Richtung Osten fort. Zumindest bis die Straße vor einem Gefälle von 90 Zentimetern endete! Die Trommelbremse des Mercury bewahrte uns knapp davor, über den Rand zu stürzen. Unsere Karte enthielt keine Warnung, dass es hier nicht weiterging, und es war ein weiter Weg zurück.

Am nächsten Tag ging es ähnlich weiter, bei einer heißen, unbequemen, sechsstündigen Reise nach Trinidad. Diesmal engagierten wir einen Fahrer mit einem blauen 51er Plymouth für sagenhafte 200 Dollar. Wir zahlten mit einem Naseschnauben für eine heiße und miserable Reise von zwei Tagen, weshalb wir uns entschieden, uns bei der Rückfahrt nach Havanna eine klimatisierte Busfahrt für den Schnäppchenpreis von 25 Dollar zu gönnen. Wir gingen zur Bushaltestelle, aber bevor wir unsere Tickets kaufen konnten, wurden wir von dem Versprechen eines klimatisierten Autos, das wir uns mit zwei anderen Fahrgästen für denselben Preis wie für den Bus teilen sollten, weggelockt. Uns wurde gesagt, dass das Auto deutlich schneller sein würde.

Wie sich herausstellte, war diese Zusicherung zu schön, um wahr zu sein. Die Klimaanlage in dem 1991er Peugeot, der am nächsten Morgen kam, funktionierte nicht. Die anderen beiden Passagiere tauchten nicht auf, daher warteten wir, bis der Fahrer ein paar andere Fahrgäste aufgetrieben hatte, die er mitnehmen konnte. Die Federung des Peugeot war eine deutliche Verbesserung gegenüber dem 58er Mercury, und wir sparten uns etwa eine Stunde Autofahrt. Aber die Hitze und die heiße Luft im Auto waren immer noch zum Kotzen.

Kubaner müssen für kleine Verbesserungen der Autoqualität teuer bezahlen. In den reichen Ländern der Welt würde dieser Peugeot gerade mal für 500 Dollar einem Schüler als erstes Auto dienen. Bob meinte: „Mann, wenn du dieses Auto bei einem Gebrauchtwagenhändler in South Dallas finden würdest, würde der Händler dir den Wagen für die Kosten von Fahrzeugschein und Fahrzeugbrief geben." Trotzdem erzählten uns die Menschen, dass ein Peugeot wie dieser noch für mehr als 30.000 Dollar verkauft werden könnte. Ja, Sie haben richtig gelesen! Am Einkommen gemessen wäre das das Äquivalent zu 280.000 Dollar in den Vereinigten Staaten. Kein Wunder, dass in den meisten Gegenden, die wir außerhalb Havannas besucht hatten, die Kubaner noch auf Pferden oder mit Pferdewagen unterwegs waren.

Wenn wir über die Autopreise in Kuba nachdachten, stimmte uns das leicht desillusioniert bezüglich der Aussicht auf Marktreformen. Um Missverständnissen vorzubeugen: Es kommen Reformen auf Kuba zu, genauso wie sie nach China kamen und wie sie am Ende auf Venezuela oder Nordkorea zukommen werden. Aber Reformen sind schwierig.

Eines der Probleme, die auftreten, wenn man eine sozialistische Planwirtschaft reformieren will, liegt in dem, was der Ökonom Gordon Tullock „eine vorübergehende Einnahmefalle" genannt hat, was bedeutet, dass, während von Marktreformen auf lange Sicht alle profitieren, auf kurze Sicht manche Menschen, die zum jetzigen Zeitpunkt keinen Erfolg haben, wertvolle Vermögen verlieren, die an das sozialistische System gebunden sind.

Beispielsweise hat jemand 30.000 Dollar für diesen 91er Peugeot bezahlt. Wegen der hohen Vorlaufkosten für das Auto machen ihn die hohen Fahrpreise nicht wohlhabend. Dieses Auto, eines der wohl wertvollsten Sachvermögen, die ein Kubaner besitzen kann, würde nahezu wertlos werden, sobald Kuba den Marktzugang zu neuen, importierten Autos öffnen würde. Sollten Sie einer von den Tausenden kubanischen Autobesitzern sein, würden Sie nicht wollen, dass das passiert.

Neue Autos sind nicht das Einzige, das in Kuba fehlt. „Wo sind all die Boote?", fragte sich Bob. Er zögerte einen Moment und riss dann den Witz: „Vermutlich alle in Miami!" Sobald einem das auffällt, ist es schwierig, darüber hinwegzusehen. Der Hafen von Havanna und andere Küstengebiete, die wir besucht haben, waren frei von Booten. Keine Segelboote, keine Jet-Skis, keine Fähren, nada. Man musste sich fragen, woher die Meeresfrüchte überhaupt herkamen. Bei einer Gelegenheit sahen wir eine Handvoll kleiner vertäuter Fischerboote in Puerto Esperanza, aber ansonsten war das einfach nur merkwürdig. Kein Land ist zu arm, um sich Segelboote zu leisten, aber der Hafen von Havanna war leer.

Ebenso wie wir keine Boote sahen, gab es außerhalb des Flughafens auch keine Flugzeuge. Nachts ist es in Havanna, einer Stadt mit zwei Millionen Einwohnern, gespenstisch ruhig; man kann kaum Verkehr hören.

Diese Stille hilft, Kubas abweichende Normalität zu erklären. Die kubanischen Gesundheitsstatistiken sind bemerkenswert gut für ein Land, das so arm ist. Für gewöhnlich gehen Reichtum und Gesundheit miteinander einher. Die meisten linkslastigen Menschen in den Vereinigten Staaten werden Kubas bemerkenswerte Gesundheitsstatistik der sozialistischen Medizinversorgung zuschreiben. Der zweite Treffer (direkt nach Wikipedia), wenn man bei Google nach „Kubas Gesundheitssystem" sucht, ist ein Artikel der „Huffington Post" mit dem Titel: „Kubas Gesundheitssystem: Ein Vorbild für die Welt". Die Generaldirektorin der Weltgesundheitsorganisation, Margaret Chan, wird in dem Artikel zitiert, wie sie Kubas Führer dafür preist, dass sie „aus der Gesundheit eine essentielle Säule der Entwicklung gemacht haben".[4]

Offizielle kubanische Gesundheitsstatistiken sind beeindruckend. Die Lebenserwartung in Kuba beträgt 79,5 Jahre, und die Säuglingssterblichkeitsrate liegt bei 4,4 Todesfällen pro 1.000 Geburten. Beide Zahlen sind besser als die gleichen Zahlen in den Vereinigten Staaten. Trotzdem wissen wir ebenfalls, dass die Krankenhäuser, die die meisten Kubaner nutzen, so schlecht ausgestattet sind, dass die Menschen häufig ihre eigenen Bettlaken mitbringen müssen. Was das soll? Eine Antwort auf diese Frage würde die Menschen nur verunsichern.

Der Mangel an Automobilen bringt ebenfalls einen Mangel an Autounfällen mit sich. Da Autounfälle eine der führenden Todesursachen unter jungen Menschen sind, hat der Mangel an Automobilen eine disproportionale Auswirkung auf die Lebenserwartungsstatistik, aus Gründen, die mit dem Gesundheitssystem nicht das Geringste zu tun haben.

Die niedrige Kindersterblichkeit ist ein Produkt von Datenmanipulation. Bei 72 Abtreibungen pro 100 Geburten hat Kuba die höchste Abtreibungsrate der Welt, und kubanische Ärzte zwingen Frauen routinemäßig dazu, bei einer Hochrisikoschwangerschaft abzutreiben, so dass die kubanischen Bürokraten mit ihren Gesundheitsstatistiken prahlen können. Wenn man diese Daten als Faktoren miteinbezieht, sieht die kubanische Gesundheitsstatistik schon deutlich weniger beeindruckend aus.[5]

An einem ruhigen Abend gingen wir auf ein paar Getränke zum Malecón. Der Malecón ist die steinige Ufermauer an der Meeresbucht, wo die Menschen Abendspaziergänge machen. Der Himmel wird zum Sonnenuntergang romantisch rot, was besonders bei jungen Pärchen beliebt ist. Das ist eine erstklassige Lage für Immobilien. Auf den zwei Kilometern, die wir entlangschlenderten, gab es vielleicht drei staatliche Restaurants. Das ist alles. Drei. Wir liefen an heruntergekommenen Gebäuden vorbei, die leer aussahen, aber wahrscheinlich immer noch als Unterkünfte benutzt wurden, und über viele leere Plätze, die verwahrlost waren. Können Sie sich verfallene Gebäude und kilometerlange leere Stellen in irgendeiner Küstenstadt der Welt vorstellen? Es ergibt einfach keinen Sinn, jedenfalls nicht in einer Welt, in der ein funktionierendes Preissystem hochwertige Immobilien zu attraktiven Investitionen macht.

Bob entschied, dass wir die Universität von Havanna sehen mussten und danach den Plaza de la Revolución für das obligatorische Touristen-Selfie mit dem berühmten Bild des mörderischen, rassistischen, homophoben Verbrechers Che Guevara. Bilder des in Argentinien geborenen „Helden" der kubanischen Revolution schmücken Merchandise-Artikel rund um die Welt. Ob es nun ein T-Shirt, eine Mütze, ein Kaffeebecher oder ein Feuerzeug ist, Privatunternehmen haben, in wundervoller Ironie, die wirrköpfigen Linken mit einem endlosen Angebot von Variationen von Ches Gesicht versorgt.

Unglücklicherweise für die Kubaner war Che kein annähernd so guter Produktionsplaner wie die Kapitalisten, die sein Bild auf Merchandise-Artikel verpflanzten. Während Ches Arbeit als Leiter der Nationalbank von Kuba, Finanzminister und Industrieminister versagte Kuba nicht nur bei der (versprochenen) Industrialisierung, sondern die Zuckerproduktion brach zusammen, und schwerwiegende Rationierungen wurden eingeführt.

Che war ein schlechter Ökonom und ein noch schlechterer Menschenfreund. Er schickte Andersdenkende, Homosexuelle, Katholiken, Zeugen Jehovas, afrokubanische Priester und andere, die er für unerwünscht hielt, in Konzentrationslager, wo sie zu harter Arbeit gezwungen wurden. Als er das La-Cabaña-Gefängnis leitete, führte er vorgetäuschte Militärgerichtsverhandlungen an „Feinden der Revolution" durch. Die Gerichtsverfahren hatten nicht mal den Anschein eines fälligen Prozesses. Die einzige Berufungsinstanz war Che, und der hob niemals ein Urteil auf. Die Schätzungen variieren, aber es ist recht wahrscheinlich, dass zu der Zeit, als Che das Gefängnis leitete, in den ersten sechs Monaten des Jahres 1959, bis zu 500 Menschen hingerichtet wurden.

Argentinier benutzen inzwischen die Redewendung: „Ich habe ein Che-T-Shirt, und ich weiß nicht, wieso." Wahrscheinlich trifft das auf die meisten Menschen zu, die Che-Merchandise tragen. Die Che-Industrie würde schneller zusammenbrechen als eine sozialistische Planwirtschaft, wenn die Menschen sich dazu durchringen würden, etwas über seine Tötungsbilanz zu lernen.

Wir gingen gerade die großen Stufen des beeindruckenden Eingangs zur Universität nach oben, als ein Student uns kurz anhielt und in perfektem Englisch fragte: „Woher kommt ihr?"

„Los Estados Unidos!"

Er lächelte, wir schüttelten die Hände und plauderten kurz. Er war froh, dass Präsident Obama Kuba besucht hatte, und sagte etwas, das keiner von uns beiden jemals vergessen wird:

„Ich bin froh, dass ihr Amerikaner kommt, weil ihr uns mehr Geld bringt."

Nur dass er das nicht gesagt hat. Das war das, von dem wir erwartet hätten, dass er es sagen würde, und wir hätten ihm das nicht vorgeworfen. Wer will schon nicht mehr Geld? Was er eigentlich gesagt hat, war aber noch besser:

„Ich bin froh, dass ihr Amerikaner kommt, weil ihr uns mehr Freiheit bringt."

Als Wirtschaftswissenschaftler sind wir fest davon überzeugt, dass das amerikanische Embargo gegenüber Kuba von einem halben Jahrhundert Dauer eine schlechte Politik ist und dass wir ohne dieses Embargo wesentlich mehr Freiheit nach Kuba bringen könnten. Das Embargo hat nicht im Geringsten dabei geholfen, das grausame kommunistische Regime Kubas zu untergraben. Tatsächlich haben die Castros das Embargo benutzt – sie nennen es „Blockade" –, um den Vereinigten Staaten die Schuld für Kubas Armut in die Schuhe zu schieben, damit niemand zugeben musste, dass Sozialismus nicht funktioniert. Handel fördert nicht nur wirtschaftlichen Fortschritt, sondern kann Gesellschaften auch andere Ideen nahebringen – in diesem Fall kapitalistische Ideen.

Die Ökonomen Peter Leeson, Russell Sobel und Andrea Dean nennen dieses Phänomen „ansteckender Kapitalismus".[6] Sie untersuchten Veränderungen im Bereich der wirtschaftlichen Freiheit in 100 Ländern im Zeitraum zwischen 1985 und 2000. Besonders interessiert waren sie daran, ob Veränderungen der Wirtschaftspolitik in einem Land zu ähnlichen Veränderungen unter seinen geographisch nächsten Handelspartnern führen. Und in der Tat war die Antwort ja – ökonomische Freiheit ist ansteckend und verbreitet sich von freieren Ländern zu ihren weniger freien Handelspartnern.

Der Optimismus dieses jungen Kubaners und sein Wunsch nach Freiheit machten uns hoffnungsfroh über die Reformaussichten.

Nachdem wir in Miami gelandet waren, fragte Bob: „Riechst du das?"

„Rieche ich was?"

„Den Geruch von Freiheit."

Und er war es. Relativ gesehen, jedenfalls.

* * *

Ein paar Monate später lag ein anderer Geruch in der Luft. Es war ein Duft. Wir waren in Little Havana in Miami. Der wirtschaftliche Kontrast zwischen Little Havana und dem echten Havanna begann, noch bevor wir aus unserem Taxi stiegen. Die halbstündige Autofahrt kostete uns nur 13,72 Dollar, im Gegensatz zu den absurden Taxikosten in Kuba. Der sichtbare Kontrast begann in dem Moment, als wir aus dem Auto stiegen. Schilder. Überall. Eine Karikatur eines Zigarre rauchenden Hühnchens warb für den Geschenkshop von Little Havana. Im Gegensatz zu Geschäften in Kuba hatte dieses Geschäft Hunderte verschiedener Waren im Angebot. Und das war nur, was ich von der Tür aus sehen konnte. Ich hasse geschmacklose Geschenkshops.

Bob zeigte auf das Schild einer Kneipe hinter uns. „Lass uns ein kaltes Getränk besorgen."

Die Mojitos schmeckten genauso wie in Kuba. Bobs Kollege Daniel war dabei. Er bestellte eine Fleisch- und Käseplatte, und als sie kam, war offensichtlich, dass die Auswahl nicht von einer staatlichen Lieferkette beschränkt wurde.

„Mmm. Das ist echter Serrano-Schinken! Nicht dieser Prosciutto-Scheiß, den die Leute versucht haben uns anzudrehen." Daniel ist in Mexiko geboren, hat eine baskisch-spanische Herkunft und ist für gewöhnlich recht eigenwillig bei solchen Angelegenheiten. Von uns Gringos würde wohl niemand den Unterschied zwischen Serrano und Prosciutto bemerken, aber selbst wir konnten den Unterschied zwischen dieser köstlichen Platte und dem zerhackten Fleischprodukt erkennen, das wir in Kuba gesehen hatten.

Nach ein paar Runden gingen wir in ein kubanisches Restaurant zum Abendessen. Das sechsseitige Menü beinhaltete mehr Optionen, als wir in allen Restaurants in Kuba zusammen gesehen hatten. Bob und ich gerieten in Versuchung bei der Auswahl an kubanischen Sandwiches, von der einem das Wasser im Mund zusammenlief, aber wir entschieden uns aus wissenschaftlichen Gründen dazu, etwas zu bestellen, das wir bereits in Kuba gegessen hatten.

Bob nahm das Ropa Vieja und ich den Hummerschwanz. Beides hatte mehr Geschmack und Gewürze als in Kuba. Leider hielt uns das nicht davon ab, Daniel um sein Schinken-, Schwein- und Käsesandwich zu beneiden.

Die kubanische Küche ist hervorragend – allerdings nicht, wenn sie in Kuba serviert wird. Das ist nicht die Schuld der Kubaner. Es ist einfach nur die Tatsache, dass Sozialismus zum Kotzen ist.

Kubaner bleiben in einem sozialistischen System arm und essen fades Essen. 150 Kilometer weiter leben Kubaner in Miami, werden relativ reich und machen hervorragendes Essen. Dieselben Menschen, zwei unterschiedliche Wirtschaftssysteme, zwei drastisch unterschiedliche wirtschaftliche – und gastronomische – Ergebnisse.

Kapitel 3

Düsterer Sozialismus: Nordkorea

Mai 2017

Wir standen an der Promenade auf der chinesischen Seite des Flusses Yalu, der die Volksrepublik China von der Demokratischen Volksrepublik Korea trennt. Lichter schimmerten, und Neonanzeigetafeln blitzten von den Hochhäusern, die auf der chinesischen Seite des Flusses aus in den Himmel ragten. Wenn wir jedoch nach Nordkorea hinübersahen, gab es da null Komma gar nichts. Es gab bloß pure Finsternis, obwohl der Mond hell schien. Angeblich lag Sinuiju, eine nordkoreanische Stadt mit mehr als 350.000 Einwohnern und einer der wichtigsten Handelsknotenpunkte mit China, in der Dunkelheit auf der anderen Seite.[1]

Wir hatten gerade in der koreanischen Nachbarschaft von Dandong mit dem Dokumentarfilmer Dean Peng, der unsere Leidenschaft für hardcore-libertäre Wirtschaft nicht nur teilte, sondern sich auch freiwillig dazu bereit erklärt hatte, als Übersetzer und Mittelsmann in China zu fungieren, zu Abend gegessen. (Wir waren von unserem gemeinsamen Freund Li Schoolland, einem in China geborenen Befürworter eines freien Marktes, der nun in Hawaii lebt, vorgestellt worden.) Wir hatten gehofft, dass wir mit eingewanderten Nordkoreanern sprechen könnten, aber das stellte sich als schwierig heraus. Unsere nordkoreanische Bedienung mit chinesischer Abstammung zum Beispiel war erst kürzlich ausgewandert, weil sie sich ein besseres Leben erhofft hatte, als es in Nordkorea möglich war, aber sie beeilte sich, hinzuzufügen, dass nicht alles an Nordkorea so schlimm war, wie die Leute sagen. Als sie über Nordkorea sprach, war sie angsterfüllt, als würde sie befürchten, dass jede Form von Kritik sie in Schwierigkeiten bringen könnte. Aus Respekt versuchten wir nicht, noch mehr Informationen aus ihr herauszubekommen.

Natürlich war sie als Kind von zwei chinesischen Eltern eine der wenigen Glücklichen. Die meisten gebürtigen Nordkoreaner, die nach China fliehen, werden von den chinesischen Behörden gefasst und nach Nordkorea zurückgebracht, wo sie vermutlich hingerichtet und ihre Familien in Arbeitslager geschickt werden.[2]

Diejenigen, die erfolgreich fliehen können, erleiden oft eine entsetzliche Tortur. Wir kannten das Buch „Mut zur Freiheit: Meine Flucht aus Nordkorea" von Yeonmi Park.[3] Sie war mit 13 Jahren nach China geflohen, aber ihre Schmuggler vergewaltigten sie und erzählten ihr, sie würde entweder an Menschenhändler verkauft oder nach Nordkorea zurückgeschickt werden. Sie floh vor beiden Schicksalen und lebte zwei Jahre als Flüchtige in China, bis sie auf christliche Missionare traf, die sie in die Mongolei in Sicherheit schmuggelten.

Daher verstanden wir, warum Menschen wie unsere Bedienung nicht gar so redselig waren.

Nach dem Abendessen schlenderten wir die Promenade am Fluss entlang, aber es passierte nicht sehr viel. Ich sah einen Stripclub und schlug vor, ihn zu untersuchen. Dean fand das keine gute Idee. Wir hatten einen angemessenen Anteil an Stripclubs auf der Welt gesehen und hatten für gewöhnlich auch keine moralischen Bedenken, einen zu besuchen. Die überwältigende Mehrheit an Stripperinnen trifft die Wahl, in einem Club zu arbeiten, weil es ihre beste Möglichkeit ist, Geld zu verdienen, und wir haben keine Probleme damit, ihnen bei diesem Bemühen zu helfen. Aber hier an der nordkoreanischen Grenze hatten wir Bedenken. Viele nordkoreanische Flüchtlinge werden durch die Androhung von Deportation dazu erpresst, in der chinesischen Sex-Industrie zu arbeiten. Obwohl mich interessierte, wie der Club war und ob ich etwas von den Flüchtlingen lernen

konnte, wollte ich keinen Anteil daran haben, die Menschenhändler zu unterstützen, und daher beherzigten wir Deans Rat-
schlag und gingen weiter.

Am nächsten Morgen, als wir die Vorhänge unseres Zim-
mers im 21. Stockwerk unseres Hotels öffneten, waren wir überrascht von Sinuiju. In der Nacht zuvor unsichtbar, offenbarte das
Tageslicht Dutzende von mittelhohen Geschäfts-, Industrie- und
Wohngebäuden auf der anderen Seite des Flusses. Sie waren
nicht annähernd so zahlreich, schön oder hoch wie die in Dandong. Aber immerhin gab es reichlich zehnstöckige, nur halb
baufällige Gebäude.

* * *

Wir waren nach Dandong gekommen, um einen besseren
Blickwinkel auf Nordkorea zu bekommen, aber unser Abenteuer
hatte eigentlich schon eine Woche früher in Seoul, Südkorea,
begonnen. Die koreanische Halbinsel ist ein seltenes Naturexpe-
riment, bei dem Kapitalismus und Sozialismus auf beiden Seiten
verglichen werden können. Der Vergleich ist außergewöhnlich
informativ, da Nord- und Südkorea die gleiche Geschichte, Kultur und, bevor sie sich getrennt haben, die gleiche wirtschaftliche Entwicklung geteilt haben.

Der Norden ist ein wenig kälter und bergiger, aber diese
Unterschiede haben den Norden vor der Teilung nicht außergewöhnlich stark an der Entwicklung gehindert. Am Ende des
Zweiten Weltkriegs hatte Nordkorea etwa 80 Prozent von Koreas Industrie, 90 Prozent seiner Elektrizität und 75 Prozent seiner Minen: Eisen, Wolfram, Silber und Uran.[4]

Der Koreakrieg hinterließ die gesamte Halbinsel verwüstet.
Vielleicht litt der Norden an größeren Verlusten, aber mit so-
wjetischem Militär und wirtschaftlicher Hilfe wurde er schnell
wiederaufgebaut. Es ist unmöglich, das Einkommen in sozialistischen Ländern exakt zu messen, weil sie keine sinnvollen

Preise haben, aber anhand der meisten Rechnungen war das durchschnittliche BIP pro Kopf zwischen Norden und Süden im Jahr 1960 ungefähr gleich.

Der signifikanteste Unterschied war, dass Nordkorea ein kommunistischer Staat mit sozialistischem Wirtschaftssystem war, während Südkorea ein autoritärer, aber am Ende demokratischer Staat mit kapitalistischem Wirtschaftssystem war.

In Nordkorea wurden alle privaten Geschäfte und Industrien in den späten 1950ern beseitigt, und private Landwirtschaft wurde weitgehend abgeschafft und durch Kollektivierung ersetzt, wo Bauern Produkte für staatliche Warenhäuser anbauen, die das Essen dann verteilen.[5] Nordkorea folgte dem sowjetischen Fortschrittsmodell, indem es den Fokus seiner Wirtschaft auf Schwerindustrie und Militär legte. Außerdem ist Nordkorea ein totalitärer Polizeistaat, der das gründlichste sozialistische Wirtschaftssystem der Welt durchsetzt.

Im Gegensatz dazu ist Südkorea prinzipiell kapitalistisch. In Bobs wirtschaftlichem Freiheitsindex erzielt Südkorea 7,54 von zehn Punkten. Das macht es wirtschaftlich weniger frei als Hongkong auf Platz eins (8,97) und den Vereinigten Staaten auf Platz elf (7,94). Aber es bleibt noch immer im obersten 80-Prozent-Perzentil aller Länder. Ab dem Moment, an dem wir gelandet waren, hat uns Südkorea beeindruckt. Wir schwebten durch den Flughafen Incheon, der neun Jahre in Folge vom Airports Council International als bester globaler Flughafen eingestuft worden war (bis 2013). Selbst Immigrations- und Zollprozesse, die Bob und mir für gewöhnlich unfassbar auf den Sack gehen, waren nur eine geringe Belästigung. Wir stiegen in ein modernes Kia-Taxi und waren im Handumdrehen in Seoul, wo wir durch den relativ leichten Samstagnachmittagsverkehr huschten. Wenn wir aus den Fenstern sahen, sahen wir die Hügel und Täler von Seoul, die mit modernen Gebäuden bedeckt waren.

Nach dem langen Flug von Dallas aus wollten wir uns sofort der koreanischen Zeit anpassen. Für uns bedeutete das, uns volllaufen zu lassen und zu koreanischer Schlafenszeit ins Bett zu fallen. Zusätzlich zur Recherche für dieses Buch sprachen

Bob und ich bei einem Treffen der Mont Pèlerin Society, und einige unserer Freunde waren schon angekommen. Nach dem Einchecken trafen wir uns mit unserem glatzköpfigen, Zigarre rauchenden Trinkgefährten und Schlüpfrige-Anekdoten- und Witze-Erzähler Steve Gohmann, der das Center for Free Enterprise an der University of Louisville leitet.

Wir fanden ein großartiges koreanisches Barbecue mit köstlichem Schweinebauch und Kimchi, und am Ende des Abends rauchten wir Zigarren vor einer belgischen Bierbar. Obwohl wir von da aus, wo das Bier gebraut wurde, auf der anderen Seite des Planeten waren, waren die Biere billiger als im hochbesteuerten Schweden, was bedeutete, dass wir mehr davon kauften, und belgisches Bier hat ungefähr den doppelten Alkoholgehalt von amerikanischem Lager-Bier, daher erreichten wir unsere Anpassung an die örtliche Zeit sehr schnell.

Seoul ist gigantisch. Seine Gesamtwirtschaftsleistung rangiert auf dem vierten Platz der Welt unter Ballungsgebieten (hinter Tokio, New York und Los Angeles). 15 Fortune-Global-500-Unternehmen, einschließlich Samsung, LG und Hyundai-Kia haben ihr Hauptquartier in Seoul. Außerdem leben in dieser Stadt mehr als 25 Millionen Menschen. Das Durchschnittseinkommen, bereinigt um die Unterschiede in den Lebenshaltungskosten, beträgt mehr als 42.000 Dollar. Es ist schwierig, ein genaues Bild von der Wirtschaft eines Landes zu bekommen, ohne über die Hauptstadt hinauszublicken. Aber im Fall Südkoreas liegen die durchschnittlichen Einkommen in Seoul gerade mal um 5.000 Dollar höher als der nationale Durchschnitt.[6]

Seit 1960 ist Südkorea von einem vorindustriellen Lebensstandard auf den eines reichen Erste-Welt-Landes geschossen. Die Lebenserwartung stieg von 53 auf 82 Jahre. Die Kindersterblichkeit liegt inzwischen nur noch bei drei von 100.000 Todesfällen, im Jahr 1960 waren es noch 81 von 100.000, eine gigantische Reduktion um 96 Prozent! Die Einkommen haben sich nach der Anpassung an die Inflation verdreifacht.[7] Nahezu alles hat sich verbessert.

In dieser Nacht, als ich nach dem Zechen mit Bob und Steve in mein Hotelzimmer schwankte, stieß ich auf ein Problem: Die Toilette hatte mehr Knöpfe als der Startbildschirm meines Iphones. Es gab Knöpfe mit Pobacken und gestrichelte Sprühlinien, ein Mädchengesicht, einen Trockner, eine Badewanne, ein Kind, oben, unten, vorne, hinten, Wasser, Licht, Sitz und vieles mehr. Das letzte Mal, dass ich versucht hatte, eine ähnlich computergesteuerte Toilette zu benutzen, war in Tokio, wo ich mit kochend heißem Wasser penetriert wurde. Ich traf die einzig vernünftige Entscheidung. Ich pinkelte in die Dusche und ging ins Bett. Aber ansonsten hat sich der Kapitalismus für Seoul als ziemlich gut erwiesen, falls das das Schlimmste sein sollte, auf das wir stießen.

Seoul ist nur 50 Kilometer von der nordkoreanischen Grenze entfernt. Der Waffenstillstand von 1953 nach dem Koreakrieg sorgte für eine vier Kilometer lange entmilitarisierte Zone (EMZ) entlang der 250 Kilometer langen Grenze, um als Puffer zwischen den beiden Ländern zu dienen. Wir schlossen uns unseren Konferenzteilnehmern zu einer der Standardtouren entlang der EMZ an. Die meisten Amerikaner, die Nordkorea sehen wollen, tun dies auf dieser Tour, aber leider gibt es nicht viel zu sehen. Es war ein dunkler und nebliger Tag, daher nutzten wir Touristen-Ferngläser, um über den Han-Fluss und die EMZ nach Nordkorea zu schauen. Aus der Distanz konnte man nur ein paar Bauerndörfer und einzelne Häuser sehen. Das war keine Art, um einzuschätzen, wie die Nordkoreaner lebten oder wie sie ihre Wirtschaft betrieben.

Idealerweise wären wir nach Pjöngjang geflogen, der nordkoreanischen Hauptstadt, und wären dann ein bisschen durch das Land gefahren und hätten beobachtet, was wir hätten beobachten können. Aber Nordkorea erlaubt Touristen aus den Vereinigten Staaten nur den Zutritt zu sehr sorgfältig kontrollierten Bereichen innerhalb der Hauptstadt. Touristen werden permanent begleitet und von Regierungsangestellten überwacht. Die Möglichkeit für freies Reisen und das Beobachten von normalen Leuten wird einem nicht gelassen.

Selbst mit diesen Beschränkungen hätten wir die offizielle Tour gemacht, aber zwei Punkte hielten uns davon ab: Wir bezweifelten, dass die Nordkoreaner uns, bei unserer offen ausgesprochenen Ablehnung gegenüber dem Kommunismus, Visa gewährt hätten, und um ehrlich zu sein wollte ich einfach nicht. Ich hatte Schauergeschichten von Missionaren, die das Land besucht hatten, gehört, die zehn Jahre Arbeitslager bekommen hatten, weil sie eine Predigt auf einem USB-Stick dabei hatten. Etwas über ein Jahr vor unserer Reise wurde Otto Warmbier, ein Student aus Bobs Heimatstadt Cincinnati, der auf eine der offiziellen Touren gegangen war, zu 15 Jahren Gefängnis mit harter Arbeit verurteilt, weil er angeblich ein einzelnes Propagandaposter gestohlen hatte. Etwa einen Monat nach unserer Reise wurde er komatös zurück in die Vereinigten Staaten gebracht; er starb kurz darauf. Ich glaube, wir hatten gute Gründe, der nordkoreanischen Regierung nicht zu vertrauen.

Daher entschieden wir uns für Dandong, China, wo wir einen viel näheren Blick nach Nordkorea werfen und mit ein paar Menschen, wie unserer Kellnerin, reden konnten, die dort gelebt hatten.

Entlang der Promenade boten zahlreiche Chinesen Bootstouren an. Chinesische Touristen sind genauso fasziniert davon, einen Blick in das abgeschottete Reich zu werfen, wie wir es waren. Wir unternahmen zwei Fahrten mit offiziellen Tour-Schiffen – eine flussabwärts, um den Handel- und Industrieteil von Sinuiju zu sehen, und die andere flussaufwärts, um die Wohngegenden und ländlichen Stadtränder zu sehen.

Wir waren auf der Hut vor den zwielichtigen Bootskapitänen, die uns anboten, uns zu den kleinen Nebenflüssen in nordkoreanisches Gebiet zu fahren, wo wir mit Nordkoreanern billigen Schmuck und andere Souvenirs gegen Geld tauschen konnten. Wir schätzten, dass die Kapitäne die nordkoreanischen Offiziere bestachen, in die andere Richtung zu gucken, während sie chinesische Touristen herfuhren. Vermutlich war es sicher, aber es gab einfach keine Garantie, dass sie uns nicht den nordkoreanischen Soldaten übergaben, um eine Belohnung für das Fassen von amerikanischen „Spionen" zu erhalten.

An einem Punkt passierte unser Touristentour-Boot die chinesisch-koreanische Freundschaftsbrücke. Obwohl wir während unseres Aufenthalts ein wenig gelegentlichen Bahnverkehr auf dieser Brücke wahrgenommen hatten, konnte niemand die 50 Meter weit entfernte Nachbarbrücke flussabwärts passieren. Wahrscheinlich hatte die nordkoreanische Regierung die „gebrochene Brücke" nach dem Krieg nie repariert, weil sie nicht wollte, dass die Vereinigten Staaten leugnen konnten, dass sie sie zerbombt hatten. Die Chinesen haben solche Vorbehalte nicht, und inzwischen bummeln Touristen auf der reparierten Hälfte der Brücke, um einen besseren Ausblick auf Nordkorea zu ergattern.

Industriegebäude und Schiffshäfen erstrecken sich entlang des nordkoreanischen Flussufers, aber es gibt nicht viel zu sehen. Es sind hauptsächlich ein- oder zweistöckige Strukturen in blassem Beige oder Zementgrau mit einem gelegentlichen hellen grünen Gebäude in der Mitte und darunter verstreute Lkw und kleine Schiffskräne. Einige Arbeiter, die man von unserem Boot aus deutlich erkennen konnte, waren damit beschäftigt, graue Lastkähne, die am Ufer festgebunden waren, zu beladen, während andere untätig herumsaßen.

Bob zeigte auf einige Boote der chinesischen Küstenwache, die in unmittelbarer Nähe von uns den Fluss entlangfuhren. „Hätte nie gedacht, dass ich mich eines Tages darüber freue, die chinesische Marine zu sehen." Ich stimmte zu. Sollte unser kleines Boot kentern, wollte ich auf jeden Fall von der chinesischen Küstenwache aufgefischt werden, bevor unsere amerikanischen Ärsche an die nordkoreanische Küste gespült würden.

Kurz bevor wir umkehrten und zurück zum Hafen fuhren, bemerkten wir ein großes Riesenrad und etwas, das so aussah wie die Wasserrutsche eines Freizeitparks. Das Riesenrad bewegte sich nicht, und der ganze Ort sah aus, als wäre er von Büschen und Bäumen überwuchert. Man kann das Riesenrad von der Strandpromenade aus einfach erkennen, und keiner der

Ortsansässigen hat es sich jemals drehen sehen. Vielleicht steht es nur da, um chinesische Touristen davon zu überzeugen, dass die Nordkoreaner Spaß haben.

Die Schifffahrt flussaufwärts war noch deprimierender. Baufällige, beige, zweistöckige Betonwohnungen mit halbeingestürzten orangefarbenen Dachziegeln befanden sich am Ufer. Schmutziger Rauch blies aus einer dieser Reihen. Ein paar Menschen wuschen ihre Kleider im Fluss, während andere fischten. Etwas weiter teilt sich der Fluss mehrmals, und es gibt Bauernhöfe und kleine Städte, wo die hellen, blauen Militärwachtürme die nordkoreanischen Ufer und Inseln kennzeichnen. Der Fluss ist an manchen Stellen recht eng, und es wäre einfach für Nordkoreaner, nach China zu schwimmen, wenn es keine Minenfelder und Wachtürme gäbe.

Wir sahen die Armut in Nordkorea, aber sie war uns nicht neu. Wir waren schon in viele arme Länder gereist. Das durchschnittliche Einkommen in Nordkorea wird heute auf etwa 1.700 Dollar geschätzt, obwohl selbst diese Zahl mit ziemlicher Sicherheit Schwachsinn ist.[8] Das Grundkapital des Landes ist verwahrlost, Mangelversorgung ist ein Dauerzustand, und Koreaner haben bereits Hungersnöte durchgestanden.

Die Schätzungen klaffen weit auseinander, da es keine genauen Daten gibt, aber in den 1990er Jahren, als die sowjetische und chinesische Unterstützung abnahm, starben bis zu drei Millionen Nordkoreaner an Hunger und damit zusammenhängenden Krankheiten. Lebensmittelknappheit ist immer noch ein Problem. Als Yeonmi Park aus Nordkorea entkam, war sie erstaunt, als man ihr „eine ganze Schüssel Reis und eine Gewürzgurke" gab. „Ich hatte noch nie eine Gurke im Winter gesehen." Außerdem, fügte sie hinzu, warf ihr Schleuser mehr Essen in den Müll, als sie in einer Woche in Nordkorea zu essen bekommen hätte.[9]

Nordkorea bleibt eines der ärmsten Länder der Welt, aber seine materielle Armut ist nicht viel schlimmer als die, die wir in anderen Teilen Asiens oder in Afrika gesehen haben. Wirklich schockierend ist der Kontrast zwischen Nordkorea und seinen Nachbarn China und Südkorea. Wir standen auf einem Schiff und sahen verfallene zweistöckige Häuser und Armut auf der einen Seite und bloß ein paar Hundert Meter auf der anderen Seite des Flusses glitzernde Hochhäuser und chinesische Bürger, die den Lebensstandard eines Erste-Welt-Landes genossen.

Einmal sahen wir einen einsamen nordkoreanischen Bauern auf einem Traktor, der einen Pflug durch ein Feld zog. Das war ungewöhnlich, da wir bis dahin nur Bauern mit Tieren und Handwerkszeugen gesehen hatten. Der uralte Dieselmotor ratterte, als der Traktor versuchte, nur eine kleine Steigung zu nehmen, und nach ein paar Minuten eines aussichtslosen Kampfes gab der arme Bauer auf und ließ den Traktor rückwärts rollen. Es war ein starker Kontrast zwischen der Situation dieses Mannes und den Sattelschleppern, die mit 100 Stundenkilometern die Autobahn auf der chinesischen Seite des Flusses entlangschossen. Diese Unterschiede sind nicht natürlich; sie sind vollkommen durch die unterschiedlichen Wirtschaftssysteme zwischen Nordkorea und China gesteuert.

Der Kontrast zwischen den Nachbarn Nord- und Südkorea ist sogar noch größer. Ihre Wirtschaftssysteme sind noch weiter voneinander entfernt als die von Nordkorea und China, aber vom Boden aus kann man das, aufgrund der EMZ und des Mangels an Städten direkt nebeneinander, kaum erkennen. Sehr wohl sehen kann man es vom Weltraum aus.

Nacht-Satellitenbilder zeigen Südkorea erleuchtet wie ein Weihnachtsbaum mit einem massiven Stern aus Licht von Seoul aus und Lametta aus Licht, das durch das ganze Land fließt. Abgesehen von einem kleinen Lichtpunkt in Pjöngjang und schmalen Lichtstreifen, die über den Fluss Yalu in China laufen, ist der Norden dunkel. Nirgendwo auf der Erde ist der Kontrast zwischen Sozialismus und Kapitalismus so schwarz und weiß – oder in dem Fall dunkel und hell – wie hier.

74

Kapitel 4

Falscher Sozialismus:
China

Mai 2017

Noch bevor unser Flieger in Peking landete, war völlig offensichtlich, dass China kein sozialistisches Land war. Hohe Gebäude, manche davon Wolkenkratzer, erstreckten sich kilometerweit in alle Richtungen, und sie hatten nicht diese einheitlichen, tristen, grauen Außenfassaden, die sozialistische Architektur kennzeichnen. Höhen, Formen, Material und Design wechselten sich ab. Diese anfänglichen Eindrücke hielten an, als unser modernes Taxi uns durch die überfüllte, aber effizient fließende zehnspurige Autobahn Richtung Innenstadt manövrierte. Diese modernen Gebäude waren nicht nur gut gepflegt und abwechslungsreich, sondern trugen außerdem die offenbarenden Schilder des Kapitalismus – Namen und Logos von Firmen.

Wir hätten in Peking in vielen Fünf-Sterne-Hotels von internationalen Unternehmen unterkommen können, aber das wäre so, als wären wir in Havanna im „Hotel Nacional" geblieben und hätten diese eine Erfahrung dazu genutzt, generelle Aussagen über andere Hotels zu treffen. Daher versuchten wir unser Glück, genauso wie in Kuba, mit ansehnlichen Hotels mit annehmbaren Preisen. Allerdings gab es in China einen entscheidenden Unterschied – unsere Hotels waren nicht völlig zum Kotzen.

Das 20-stöckige „Novotel Beijing Peace" warb damit, 400 Zimmer und „Le Cabernet" zu haben, ein französisches Restaurant, das ebenso wie andere Restaurants gemischte internationale Küche servierte. Die Hotelbar war voll ausgestattet, und ich konnte meinen standardmäßigen doppelten Gin Tonic für zehn Mäuse bestellen. Die Gästezimmer waren unauffällig, mit anderen Worten, ganz nett. Wenn man dort einfach nur untergebracht wird, würde man wahrscheinlich denken, man wäre in einem Marriott- oder Sheraton-Hotel in den Vereinigten Staaten. Abgesehen von dem Plunder in den Geschenkartikelläden und all den Chinesen um einen herum machte nichts in dem Hotel den Eindruck, dass man in China sei.

Und das ist kein Zufall. Novotel ist Teil des französischen multinationalen Accor-Hotel-Unternehmens. Die Novotel-Kette hat über 400 Hotels in 60 Ländern. Darüber hinaus ist sie in Privatbesitz, und damit hängt der Erfolg von der Kundennachfrage ab. Aber wir wollten uns ja nicht in den Ruin treiben, indem wir Luxusartikel in einem sozialistischen Land kauften. Unsere Reservierung kostete uns 106 Dollar pro Nacht, und wir waren etwa einen Kilometer vom Stadtzentrum entfernt. Es war bloß ein einfacher Fußmarsch bis zur Verbotenen Stadt und zum Tian'anmen-Platz. Jedenfalls war es einfach für Bob. Ich selbst humpelte mit einem Stock herum, weil ich mir drei Wochen zuvor mit Flip-Flops in Hawaii halb betrunken meinen großen Zeh gebrochen hatte.

Wir mussten ein paar Stunden rumkriegen, bevor wir Dean Peng treffen konnten, der uns helfen wollte, uns in China zurechtzufinden, daher entschieden wir uns, in der Gegend herumzulaufen und ein Bier aufzutreiben. Wir waren umgeben – „umzingelt" ist vielleicht das bessere Wort – von kapitalistischer Werbung. Überall waren Schilder, darunter viele, die wir wiedererkannten: Rolex, Gap, McDonald's und Pizza Hut.

Abseits der Hauptstraße schlängelten und wanden Bob und ich uns unseren Weg durch überfüllte, enge Gassen, in denen kleine Familienbetriebe Seide, Spielzeug und frittierte Skorpione am Spieß verkauften. Wir waren erleichtert, als wir eine Bar mit ein paar freien Plätzen fanden. Sie verkauften dort Tsingtao-Bier in zu großen Gläsern und wahrscheinlich auch überteuert.

Wir waren umringt von marktwirtschaftlicher Werbung in der Hauptstadt des kommunistischen Chinas, das für beinahe 30 Jahre, unter dem Diktator Mao Tse-tung, eines der repressivsten Regime der Welt war. Als Vorsitzender der Kommunistischen Partei Chinas regierte Mao die „Volksrepublik" von ihrer Gründung im Oktober 1949 bis zu seinem Tod 1976. Seine Herrschaft war eine nahezu absolute. Parteifunktionäre, die ihn in Frage stellten, verloren ihre Arbeit – oder es geschah ihnen noch Schlimmeres. Von Parteimitgliedern und Bauern wurde gleichermaßen erwartet, seine Schriften zu kennen, einschließlich der „Worte des Vorsitzenden Mao Tse-tung", seiner politischen und wirtschaftlichen Philosophie. So falsch, wie der Sozialismus des Landes heute auch sein mag, die Kommunistische Partei regiert immer noch China, und den Kindern wird immer noch beigebracht, den „Vorsitzenden Mao", den mit Sicherheit größten Massenmörder der Geschichte, zu verehren.

Frank Dikötter schätzt in seinem Buch „Maos Großer Hunger", dass mindestens 45 Millionen Menschen in China allein zwischen 1958 und 1962 unnötig gestorben sind. Der große Hunger trat nicht wegen einer Dürre oder einer Naturkatastrophe ein; er trat ein aufgrund von Maos wirtschaftlichem Plan für die Industrialisierung.

Maos Inspiration war das Versprechen des sowjetischen Regierungschefs Nikita Chruschtschow von 1957, dass die Sowjetunion die wirtschaftliche Produktion der Vereinigten Staaten innerhalb von 15 Jahren überholen würde. Mao antwortete darauf, dass China sogar noch schneller wachsen würde. Sein erstes Ziel für China war es, die Wirtschaftsleistung Großbritanniens zu überholen, und das Ergebnis war der ehrgeizige Plan der kommunistischen Regierung – genannt „der Große Sprung nach vorn" –, China zu industrialisieren.

Aus dem Großen Sprung nach vorn wurde der große chinesische Hunger. Dikötter beschreibt jedoch, dass die Bezeichnung dieser Tragödie als bloßer Hunger „die vielen Arten, auf denen Menschen unter radikalen Zwangskollektivierungen ums Leben kamen, nicht annähernd trifft. Der leichtfertige Gebrauch des

Begriffs ‚Hunger' unterstützt die weitverbreitete Ansicht, dass das Massensterben die unbeabsichtigte Konsequenz halbgarer und schlecht durchgeführter wirtschaftlicher Programme war." Tatsächlich waren „Zwang, Terror und systematische Gewalt das Fundament für den Großen Sprung nach vorn".[1] Der Große Sprung nach vorn könnte nicht mal durch die gewöhnlichen sozialistischen Ausreden gerechtfertigt werden, dass man eben ein paar Eier zerbrechen muss, um ein Omelett zu erschaffen. In der Realität war es ein großer Sprung zurück, bei dem viele Millionen Menschen getötet und die chinesische Wirtschaft eher zerstört als modernisiert wurde.

Die Regierung hatte bereits kleine, familienbetriebene Bauernhöfe beschlagnahmt und die Bauern in staatliche „Genossenschaften" von jeweils 1.000 Arbeitern gesteckt. 1958 verdoppelte Mao diese Bemühungen und verschmolz die Genossenschaften zu gigantischen „Volkskommunen", die nicht weniger als 20.000 Haushalte enthielten. Parteifunktionäre führten die Kommunen, in denen so gut wie alles – Land, Werkzeuge, Vieh – kollektiviert wurde. Millionen und Abermillionen Dorfbewohner wurden zwangsweise umgesiedelt, um Platz für gigantische Dämme und andere Projekte zu schaffen. Es wurden Ziele gesetzt – und ausgeweitet –, bei denen Kommunen nicht nur Lebensmittel, sondern auch Industrieprodukte wie Stahl exportieren mussten. Sehr bald schmolzen Hinterhof-Öfen Töpfe, Pfannen, Bauernwerkzeuge und alles, was verfügbar war, ein, um die Quoten zu erfüllen. Um die Städte zu ernähren und ausländische Exportversprechen einzuhalten, fuhr Mao fort, mehr und mehr von den Bauern zu verlangen, selbst als kräftige Landwirte abgezogen wurden, um sie Projekten zuzuteilen, die den Planern wichtiger waren, wie die Errichtung von Staudämmen. Das Ergebnis war landwirtschaftliches Totalversagen, Hungersnöte (teilweise von Kommunenführern ausgelöst, um Arbeiter zu motivieren) und eine Stahlproduktion (zusammengeschmolzenes Schrott-Metall aus Hinterhof-Öfen) die wirtschaftlich nutzlos war.

Dikötters Untersuchung der Berichte der Kommunistischen Partei Chinas zeigt, dass während des Großen Sprungs nach vorn mindestens zweieinhalb Millionen Menschen kurzerhand hingerichtet oder zu Tode gefoltert wurden. Millionen weitere verhungerten, weil ihnen vorsätzlich zur Strafe die Nahrung entzogen wurde, weil sie als zu alt oder zu schwach betrachtet wurden, um produktiv zu sein, oder weil die Menschen bei der Essensausgabe mit der Schöpfkelle in der Brühe sie einfach nicht leiden konnten.

Unser Freund Li Schoolland erinnerte sich an die späteren Jahre des Großen Sprungs nach vorn. „Wir aßen alles, was uns nicht umbrachte. Ich habe mich geweigert, Ratten zu essen. Aber mein Bruder war noch ein Junge im Wachstum. Er hatte solchen Hunger. Er aß sie. Wir sind zum Teich gegangen, um Schnecken und Frösche zu fangen." Ihre Familie aß außerdem „Baumrinde, Blätter und Gras. Ich kannte jedes Gras, das essbar war."[2]

Mao erhielt viele Berichte über Hungertode und Leid, aber es ließ ihn und die Kommunistische Partei kalt. Ende 1958 räumte Maos Außenminister Chen Yi ein, dass „es in der Tat Verluste unter den Arbeitern gegeben hat, aber dies ist nicht genug, um uns auf unserem Weg aufzuhalten. Das ist der Preis, den wir zahlen müssen, aber es gibt nichts, worum wir uns Sorgen machen müssten. Wer weiß schon, wie viele Menschen auf den Schlachtfeldern und in den Gefängnissen [für die Revolution] geopfert werden mussten? Jetzt haben wir eben ein paar Fälle von Krankheit und Tod: Das ist nichts!"[3] Am Ende musste die Kommunistische Partei jedoch nachgeben, um eine Totalkatastrophe zu vermeiden, als die zehn Millionen Verluste sich stapelten. Im Jahre 1962 wurde der Große Sprung nach vorn aufgegeben, und private Bauernhöfe wurden wieder eingeführt. Diese Atempause war jedoch nur von kurzer Dauer. 1966 starteten Mao und die Kommunistische Partei die „Kulturrevolution", und eine neue Hölle brach über das chinesische Volk herein.

Die Kulturrevolution zielte darauf ab, die chinesische Gesellschaft von konterrevolutionären, bourgeoisen Elementen zu reinigen oder diese umzuerziehen. Außerdem diente sie dazu, Maos Macht nach dem Versagen des Großen Sprungs nach vorn erneut zu bestätigen. Ältere Amtsträger, einschließlich des künftigen Reformers Deng Xiaoping, wurden aus der Führungsriege der Kommunistischen Partei entfernt. Historische Stätten und Relikte, die etwas aus Chinas vorkommunistischer Vergangenheit ehrten, wurden zerstört. Etwa 17 Millionen junge Menschen wurden aus den ländlichen Gebieten zur Klassen-Umerziehung geschickt.[4] Andere junge Menschen bildeten die Rote Garde und attackierten jeden, der den Maoismus nicht ausreichend unterstützte. Die Todesrate der Kulturrevolution wird auf irgendetwas zwischen einer halben und zwei Millionen Menschen geschätzt.[5]

Damit hat Maos kommunistische Regierung in weniger als 30 Jahren durch den Großen Sprung nach vorn, die Kulturrevolution und andere Gräueltaten mehr Menschen umgebracht als jede andere Regierung in der Geschichte – möglicherweise mehr als 80 Millionen.[6] Die Bauern, die dem Tod entfliehen konnten, waren ärmer als ihre Vorfahren. 1978 war das Einkommen von zwei Dritteln der chinesischen Bauern geringer als in den 50ern, und der durchschnittliche Chinese konsumierte nur zwei Drittel so viele Kalorien wie die durchschnittliche Person in einem fortschrittlichen Land.[7]

Dieses Leid war dort, wo wir standen, auf dem Tian'anmen-Platz, nicht mehr erkennbar. Statt verhungernder Bauern waren wir von chinesischen Touristen mit Digitalkameras, Smartphones und Einkaufstüten umgeben. Die Kommunistische Partei regiert China immer noch, aber sie hat marktwirtschaftliche Reformen zugelassen, die Wohlstand gebracht haben.

Sollte das in Peking bereits offensichtlich gewesen sein, so war es bei unserem nächsten Halt noch offensichtlicher – Shanghai. Der Shanghai Tower – 632 Meter und 128 Etagen hoch – ist das zweithöchste Gebäude der Welt. Seine Aussichtsplattform, ausgestattet mit einem Café, in dem Bier serviert wird, erlaubte uns eine 360-Grad-Vogelperspektive auf zahlreiche Hochhäuser entlang beider Ufer des Huangpu-Flusses, einem Nebenfluss des Jangtse. Der Fluss selbst war randvoll mit Lastkähnen, die den verkehrsreichsten Containerhafen der Welt belieferten. In Shanghai ist es schwierig, zu erkennen, was noch als Hochhaus zählt. Es gab mehr 30-stöckige Gebäude, als ich zählen konnte. Selbst wenn ich mich auf 40- oder 50-stöckige Gebäude beschränkt hätte, wäre ich ins Schwanken gekommen, insbesondere nachdem ich ein paar Café-Bier intus hatte. Knapp neben dem Shanghai Tower steht das 101-stöckige und 492 Meter hohe Shanghai World Financial Center. Nicht weit dahinter steht der ikonische 468 Meter hohe Oriental Pearl Tower. Fertiggestellt im Jahre 1994, ist die Perle des Ostens der älteste Mega-Wolkenkratzer Shanghais.

Tatsächlich war nahezu alles auf der Ostseite des Flusses neu. Noch 1990 war diese Gegend, bekannt als Pudong, ein Slum. In weniger als einer Generation wurde dieser Slum jedoch durch Mega-Wolkenkratzer, Einkaufszentren, den Finanzbezirk und Luxushotels ersetzt. Um ehrlich zu sein, wäre ich gerne in einem dieser Hotels geblieben. Stattdessen buchte uns Bob, nachdem unsere Reiseagentur unsere Reservierung verbockt hatte, ein Last-Minute-Angebot im Hotel „Ibis", einem anderen Accor-Hotel, auf der anderen Seite des Flusses im alten Geschichtszentrum Shanghais. Und es war zum Kotzen. Nicht „zum Kotzen" im kubanischen Sinne. Eher „zum Kotzen" im amerikanischen Sinne von nassem Hundegeruch, beschissener Klimaanlage, keiner Hotel- oder Minibar, Motel 6. Ja klar, Kapitalismus sorgt für gewöhnlich vor, aber selbst Kapitalismus kann nicht immer die Probleme bewältigen, die von Universitätsbürokraten stammen.

* * *

Chinas wirtschaftlicher Fortschritt seit 1978 ist eines der größten Erfolgserlebnisse in der Geschichte der Menschheit. In reinen Zahlen betrachtet, sind mehr Leute der extremen Armut entkommen, die durch einen Verdienst von weniger als zwei Dollar am Tag definiert ist, als zu jeder anderen Zeit oder an jedem anderen Ort. 2011 lebten 750 Millionen Chinesen weniger in absoluter Armut als 1981. Ihr Lebensstandard verbesserte sich dramatisch, weil die Kommunistische Partei Chinas die freie Marktwirtschaft annahm.

Die Reformen starteten langsam, indem zwangskollektivierte Bauernhöfe Land per Vertrag an Bauern vergaben, die ihre Überschüsse (nachdem sie ihre Quoten erfüllt hatten) am Markt verkaufen konnten. Die Regierung erkannte, dass Bauern, die man Profit machen ließ, produktiver waren. Statt ihrer kommunistischen Ideologie zu folgen, akzeptierten Regierungsbürokraten letztlich die Tatsachen und erlaubten einen steigenden Grad an Privateigentum. Privatunternehmen waren teilweise ein unerwartetes Nebenprodukt der 17 Millionen jungen Chinesen, die nach ihrer erzwungenen Umerziehung auf dem Land am Ende der Kulturrevolution in die Städte zurückkehrten. Sie brauchten Arbeitsplätze, die die ineffizienten staatlichen Industrien ihnen nicht bieten konnten – daher wurde Selbständigkeit legal, ebenso wie kleine Privatgeschäfte. Per Gesetz durften solche Geschäfte nur bis zu sieben Menschen beschäftigen, aber in der Praxis beschäftigte das durchschnittliche Privatunternehmen in China im Jahr 1985 30 Menschen.[8]

Unter der Führung von Deng Xiaoping machte die Kommunistische Partei wirkungsvolle wirtschaftliche Fortschritte, statt bei ihrer reinen Ideologie zu bleiben. Der Fokus der Regierungspolitik besagte: „Es spielt keine Rolle, ob eine Katze schwarz oder weiß ist, solange sie Mäuse fängt." Keine Überraschung für uns. Je kapitalistischer die Katze, desto effektiver fängt sie Mäuse. Deng definierte seine Politik als „Marktsozialismus mit chinesischen Wesenszügen", was tatsächlich kaum Sozialismus war.

Bob hatte Chinas Entwicklung mit seinem wirtschaftlichen Freiheitsindex verfolgt. 1980, im ersten Jahr mit zuverlässigen Daten, erreichte China nur 3,64 von zehn Punkten, womit es einen Platz in den unteren zehn Prozent der Länder der Welt belegte. Mit dem Jahr 1990 war der Punktestand von Chinas wirtschaftlicher Freiheit um 75 Prozent auf 6,40 gesprungen. 1988 war die chinesische Verfassung geändert worden, um offiziell Privateigentum und Privatunternehmen anzuerkennen. Davor

82

war der kommunistische Staat Chinas einziger offizieller Arbeitgeber, mit kleinen Ausnahmen. 1998 beschäftigte der Staat etwa 60 Prozent der arbeitenden Bevölkerung und 2010 nur noch ungefähr 19 Prozent.[9] China hatte sich vom Sozialismus zu einer Form von kapitalistischer Vetternwirtschaft entwickelt.

Bob rezitierte all diese Statistiken in einer schicken Kneipe, wobei er hohe Aufmerksamkeit von einer Gruppe seiner BWL-Studenten erhielt, auf die wir buchstäblich gerade erst getroffen waren. Sie hörten höflich zu und brachten uns dann eine Runde Shots, in der Hoffnung, dass wir den Wink mit dem Zaunpfahl verstehen und die Bar verlassen würden. Das taten wir und stolperten den Damm entlang, ein Fußgängerweg des Flussgebietes durch die alten Koloniegebiete der britischen, amerikanischen und französischen Regierung, die Shanghai im 19. Jahrhundert den internationalen Seehandel eröffnet hatten. Auf der anderen Seite des Flusses glänzte die Skyline von Pudong in blauem, pinkem, rotem, violettem, weißem und goldenem Licht. Ich zeigte betrunken in die Richtung und meinte zu Bob: „Weißt du was? Deinem Index fehlt eine Menge von dem da!"

Das liegt daran, dass Bobs Index hauptsächlich Bewertungsmaßstäbe auf nationaler Ebene trifft, weshalb er den Beitrag eines Gebiets wie Pudong, das eine Sonderwirtschaftszone (SWZ) mit bestimmten wirtschaftlichen Privilegien darstellt, unterschätzen kann. Shanghai und 13 andere Städte wurden 1984 SWZs, und Pudong wurde es bereits 1993. Sonderwirtschaftszonen müssen keine Zollgebühren auf international gehandelte Güter zahlen, sind von Einkommenssteuern befreit und haben eine Menge anderer pro-kapitalistischer Regeln, die der Rest Chinas noch nicht angenommen hat.

Pudong befindet sich in der Finanz- und Handelszone Lujiazui, die zusätzliche Freiheiten für ausländische Finanzinstitutionen und Banken gewährt. Dies ist ein großer Vorteil, da die chinesische Regierung im Großteil des Landes ein Monopol auf die Finanzindustrie hat. Pudong beinhaltet außerdem die Freihandelszone Waigaoqiao, die über etwa zehn Quadratkilometer die größte Freihandelszone auf dem chinesischen Festland ist.

Die wirtschaftliche Freiheit, die in der SWZ gewährt wurde, hat einen Großteil zu Chinas Wachstum beigetragen. Heute beträgt das durchschnittliche Jahreseinkommen in Pudong mehr als 20.000 Dollar. Dennoch leben, laut Weltbank, immer noch mehr als ein Drittel aller Chinesen im Rest des Landes von weniger als 5,50 Dollar am Tag. Währenddessen ist die Bevölkerung Shanghais von elf Millionen Menschen 1980 auf mehr als 24 Millionen explodiert. Die Bevölkerungsdichte ist fast drei Mal so hoch wie die von Peking, wo ebenfalls ein Bevölkerungsanstieg verzeichnet wurde.

Der massive Zuzug von Menschen aus ländlichen Gegenden mit niedriger Produktivität in Städte mit privater Industrie hat Chinas Entwicklung angekurbelt. In den Anfangsjahren der Reformen zogen mehr als 260 Millionen Migranten aus ländlichen Gebieten in die urbanen Zentren von China, was geholfen hat, China von einem ländlichen, sozialistischen Höllenloch in ein zunehmend verstädtertes, beinahe kapitalistisches Land zu transformieren. Auf unserer Reise wurden wir jedoch daran erinnert, dass, zumindest politisch, China immer noch ein kommunistischer Polizeistaat ist.

In Peking waren Bob und ich von einem jungen chinesischen Stipendiaten, Ma Junjie, eingeladen worden, bei einer Konferenz über die Österreichische Schule der Nationalökonomie und die Autorin Ayn Rand zu sprechen. Die Konferenz wurde von Unirule – einem einflussreichen privaten, marktwirtschaftlichen chinesischen Thinktank – organisiert, und von unserem Freund Yaron Brook, der das Ayn Rand Institute leitet.

Yaron ist ein grauhaariger ehemaliger Professor für Finanzwesen, der zum Philosophen mutiert ist, die Welt bereist und der Welt die frohe Botschaft der Ideen von Ayn Rand präsentiert. Es waren etwa 30 chinesische Akademiker, Absolventen, Thinktank-Stipendiaten und Journalisten anwesend. Die Ideen der Schriftstellerin Ayn Rand zu diskutieren, einer der glühendsten Antikommunistinnen des 20. Jahrhunderts, während wir uns im Herzen Pekings befanden, war für uns verdammt surreal, aber wir taten unser Bestes, an der Podiumsdiskussion über die Österreichische Schule der Nationalökonomie und Ayn Rands Philosophie des Objektivismus teilzunehmen.

Ein paar Konferenzteilnehmer fuhren uns anschließend zum Abendessen. So geschah es, dass uns unsere Route an Maos Mausoleum vorbeiführte. Der Kollege auf dem Beifahrersitz sah zu uns nach hinten, nickte in Richtung des massiven Komplexes und sagte: „Vielleicht können wir ihn in 25 Jahren loswerden." Der Fahrer lachte und rief: „Nein! Zehn Jahre!" In China ist eine solche Aussage gefährlich.

Am nächsten Tag, nachdem wir nach Shanghai gefahren waren, schickte Li Schoolland uns eine E-Mail: „Ich hoffe, ihr seid gestern nicht zum Unirule-Event gegangen!"

Unter Benutzung unserer VPN-gesicherten Smartphones umgingen wir die Zensur der chinesischen Regierung und gingen ins Internet. Die „South China Morning Post" berichtete: „Ein zweitägiges akademisches Seminar von Chinas größtem inoffiziellem Thinktank wurde am Samstag abgesagt, weil Türen und Aufzüge in den Bürogebäuden verschlossen und gesperrt waren, inmitten der erhöhten Sicherheitsvorkehrungen für Pekings zweitägiges Belt and Road Forum, das am Sonntag beginnt."[10]

Lis zweite E-Mail enthielt mehr Informationen. „Gestern, vor der Veranstaltung, hat die Regierung die Bürogebäude von Unirule blockiert und ein paar Schläger angeheuert, um Leute zusammenzuschlagen, die versucht haben, reinzukommen. Die Veranstaltung musste abgesagt werden. Schlimme und sehr gefährliche Situation." Außerdem fanden wir heraus, dass der Gründer von Unirule, der 88-jährige Mao Yushi, der den prestigeträchtigen Milton Friedman Prize for Advancing Liberty erhalten hatte, an diesem Morgen bei sich zu Hause von Polizeibeamten besucht worden war, um ihn davon abzuhalten, zur Konferenz zu gehen.

* * *

Seit unserem Abflug hat der Führer der Kommunistischen Partei, Xi Jinping, sein hartes Vorgehen gegen Dissidenten und gegen Unirule fortgesetzt. Die Regierung hat die Webseiten und Social-Media-Konten von Unirule abgeschaltet und das Institut gezwungen, seine Büros in der Innenstadt, die wir besucht hatten, zu räumen. Unirule ist nach West-Peking gezogen, hat eine Webseite, die nur über VPN-Software erreichbar ist, online gestellt und wird kontinuierlich schikaniert.[11] Im Juli 2018 vertrieb der Vermieter des Gebäudes Unirule, obwohl das Institut stets seine Rechnungen gezahlt hatte. Der Vorstandsvorsitzende des Instituts, Sheng Hong, erklärte: „Das vermietende Unternehmen versucht, Geld zu verdienen, und es gibt absolut keinen Grund, dass es uns von sich aus Probleme macht. Das wäre völlig unlogisch."[12] Stattdessen, erklärte Sheng: „Dieser Druck muss von der Regierung ausgehen. Die Behörden wollen keine andere Stimme [tolerieren], aber sie wollen uns auch nicht einfach schamlos ausschalten, denn das würde sie zu schlecht dastehen lassen. Daher wollen sie das Ganze offensichtlich in einen Zivilstreit verwandeln, aber die Menschen sind keine Idioten, und jeder erkennt, was hier eigentlich gespielt wird."[13]

Als das kommunistische China von sozialistischen Ideologen regiert wurde, war es ein verarmter, totalitärer Polizeistaat, der viele Millionen seiner eigenen Leute umgebracht hat. Jetzt, da das kommunistische China kapitalistische Vetternwirtschaft praktiziert, ist es wohlhabend und ein deutlich zurückhaltender Polizeistaat. Das ist zum Kotzen, aber glaubt uns – das ist immer noch ein Fortschritt.

Kapitel 5

Verkaterter Sozialismus: Russland und die Ukraine

September 2017

Hier sieht es aus wie in jeder beliebigen europäischen Stadt",
meinte Bob, als wir an einem wolkenverhangenen Nachmittag
mit Nieselregen im späten September durch Moskau liefen. Teu-
re Autos schnellten durch die Straßen, vorbei an einer Mischung
aus modernen Glas-und-Stein-Strukturen und renovierten Gebäuden aus der vorsowjetischen Zeit. Die einfarbigen, grauen
sowjetischen Blockhäuser, die in den Tagen der Sowjetunion
und des Ostblocks so viele Leute ihr Zuhause genannt hatten,
waren spürbar verschwunden.

Geschäfte gab es reichlich, und sie waren gut ausgestattet.
Es gab keinen Mangel an Kneipen, und die Restaurants wiesen,
wie in jeder größeren Stadt, unterschiedliche Küchen auf. Wir
hatten gerade den „Tap & Barrel Pub" verlassen, einen irischen
Laden, in dem wir uns einen halben Liter Kilkenny gegönnt hatten. Versuchen Sie das mal in Havanna oder Pjöngjang.

Die Sowjetunion war 1991 politisch zerbrochen, und nach
26 Jahren Reform können wir ehrlich sagen, dass gescheiterter
Sozialismus in Moskau ziemlich unscheinbar aussieht. Wenn
man die Augen schließt und schnell wieder öffnet, könnte man
denken, man wäre in Stockholm, Warschau oder Berlin, bis die
zwiebelförmige Turmspitze der Basilius-Kathedrale den Standpunkt verrät.

Die verbleibenden Überreste der Sowjetzeiten finden sich
hauptsächlich in Monumenten und Bildern wie dem alternden

Art-déco-Wandgemälde, auf dem ein muskulöser sowjetischer Kosmonaut auf die Seite eines Gebäudes gemalt ist. Wir mögen keine Kunstkritiker sein, aber all diese prallen Muskeln in der sozialistischen Kunst sahen für uns aus wie Softcore-Schwulenpornos. Softcore war jedoch gar nichts an der Statue, auf die wir ein wenig weiter die Straße runter stießen, wo eine vier Meter hohe Büste von Karl Marx aus einem großen grauen Steinblock emporstieg.

Marx war nicht der erste sozialistische Denker, aber er war sicherlich der einflussreichste. Seine Ideen inspirierten die Bewegungen, aus denen letztendlich die Sowjetunion, die kommunistische Regierung Chinas und zahlreiche andere sozialistische Regime des 20. Jahrhunderts hervorgingen. Seine Ideen fanden Anklang unter Arbeiteraktivisten während seines eigenen Lebens und setzten sich darin fort, linke Intellektuelle und junge Sozialisten zu beeinflussen. Che verkauft sich wohl besser als Marx auf T-Shirts, aber Marx wird bei weitem häufiger in Hörsälen von Universitäten zitiert.

Es wurden schon haufenweise Bücher über Marx geschrieben, und wir wollen Sie an dieser Stelle nicht damit langweilen, dass wir sein gesamtes Leben und Wirken durchgehen, aber es ist es zumindest wert, kurz seine Ideen bezüglich Werten, Entfremdung und Geschichte zu untersuchen, die drei großen Säulen des Marxismus.

Auch wenn wir Ökonomen der freien Marktwirtschaft sind, beleidigt uns die Marxsche Arbeitswertlehre nicht. Er lag falsch, aber es dauerte nicht mal bis zu seinem Tod, dass Ökonomen das herausfanden. Die meisten Ökonomen, einschließlich des großen klassischen Liberalen Adam Smith, wurden in ihrer Arbeits-, Produktionskosten- oder Wertetheorie falsch verstanden. Es dauerte auch nicht bis zur sogenannten „Marginalistischen Revolution" in den 1880ern, als drei Wirtschaftswissenschaftler unabhängig voneinander zu dem Ergebnis kamen, dass der Wert eines Gutes darauf basiert, was Menschen subjektiv denken, was eine bestimmte (oder „marginale") Einheit dieses Gutes wert ist, was exakt richtig ist. Die Anzahl an Zeit oder Energie, die es braucht, um etwas herzustellen, spielt keine wirkliche Rolle, wenn es darum geht, den Wert von etwas zu bestimmen. Das mag hart zu schlucken sein, besonders für die Person oder das Unternehmen, das das Gut hergestellt hat und es für den Preis verkaufen möchte, von dem es denkt, dass es ein „fairer" Ausgleich für seine Zeit und Arbeit sei. Aber bleiben Sie bei uns, und wir werden es erklären.

Der Wert eines Gutes liegt vollständig im Auge des Betrachters. Es mag sechs Mal so viel kosten, eine Orange in einem Gewächshaus in Alaska zu produzieren, wie es draußen in Florida zu tun, aber Orangen aus Alaska sind für Konsumenten nicht mehr wert als Orangen aus Florida. Kosten, ob durch Arbeit oder anderweitig, teilen uns nur mit, ob es sinnvoll ist, etwas auf eine bestimmte Art und Weise zu produzieren mit dem gegebenen Wert, von dem wir erwarten, dass Menschen ihn für das Gut bezahlen, das produziert wurde.

Marx und die meisten seiner Zeitgenossen dachten, dass der Betrag an Arbeit, der in einem Gut „verkörpert" wurde, seinen Wert bemisst. Marx behauptete, dass, wenn Arbeit einen Wert bestimmt, alle Profite, die Kapitalisten erzielen, Ausbeutung darstellen, da die Arbeiter nicht den vollständigen Wert des Gutes erhalten haben können, das sie erstellt haben.

Ein anderer, wenngleich verwandter, Aspekt von Marx' Gedanken ist die Entfremdung. Die Arbeiter werden entfremdet, weil Marktkräfte und nicht sie selbst entscheiden, was produziert werden soll, wie es produziert werden soll und wer es produzieren soll.

Das bedeutet, dass Arbeiter dazu gezwungen sind, für Kapitalisten zu arbeiten, die die Produktionsmittel besitzen und die Bedingungen der Arbeiter bestimmen, was sie oftmals in langweiliger, monotoner Arbeit mit unfairen Löhnen belässt. Marx behauptete, dass, sobald das Privateigentum an den Produktionsmitteln eliminiert wäre, die Arbeiter für ihre eigenen Bedürfnisse produzieren könnten statt für die Profite von Kapitalisten, und dass dies die Entfremdung beenden würde.

Marx' Theorie der Geschichte ist die letzte Säule seines Systems. Er glaubte, dass der Zusammenbruch des Kapitalismus und der Übergang zum Sozialismus unausweichlich seien. Seine Spielart von „wissenschaftlichem Sozialismus" beschreibt, dass Geschichte eine Reihe von Kämpfen zwischen den privilegierten und den ausgebeuteten Klassen sei. Im Kapitalismus beute die Bourgeoisie (die Produktionsmittel besitzende Mittelklasse) das Proletariat (die Arbeiter) aus. Marx glaubte, dass kapitalistischer Wettbewerb unausweichlich zu finanziellen Verlusten, dem Versagen von Geschäften und dann zu Monopolen führen würde und dass, wenn sich Industriezweige immer mehr konzentrieren, viele Mitglieder der vorherigen Bourgeoisie in das ausgebeutete Proletariat gezwungen würden. Das würde die Löhne weiter drücken und die Entfremdung wachsen lassen. Am Ende würden die Massen die Kapitalisten stürzen und die Produktionsmittel kollektivieren.

Als wir eine Pause machten, um die Statue anzuschauen, sagte Bob: „Ich wette, es hat noch nie einen Menschen gegeben, der in allen großen Dingen, über die er geschrieben hatte, so falsch lag und trotzdem noch so viele Anhänger hat wie Marx." Bob hat recht. Profite stellen keine Ausbeutung dar, weil die Arbeitswerttheorie falsch ist. Stattdessen repräsentieren Profite, zumindest auf einem freien Markt, geschaffene Werte. Kapitalismus kann nicht der Grund für Entfremdung sein, weil Arbeiter im Kapitalismus notwendigerweise besser dran sind als im Sozialismus und Marktpreise einen höheren Lebensstandard und mehr wirtschaftliche Möglichkeiten zur Verfügung stellen. Letztlich wurden Industriezweige nicht konzentrierter, und Löhne wurden im Kapitalismus nicht gedrückt. Stattdessen wurde der Kapitalismus der Motor von Reichtum, Innovation, neuen Industrien und steigenden Löhnen, wogegen sozialistische Ökonomien stagnierten und sich zurückentwickelten.

„Ja, es gibt nur einen großen Marx", sagte ich. „Groucho."

Grouchos Definition von Politik ist Marxismus in einer Kurzzusammenfassung: „Politik ist die Kunst, nach Problemen zu suchen, sie überall zu finden, sie falsch zu diagnostizieren und die falschen Lösungen anzuwenden."

Wir setzten unsere gewöhnliche Laufen-Trinken-Laufen-Trinken-Routine fort, bis wir den Roten Platz erreichten. Als wir aufwuchsen, war dies das Zentrum des Feindes, und auf dem Roten Platz zu stehen, fühlte sich merkwürdig an. Zu unserer Rechten befand sich die lange rote Steinmauer, die den Kreml einschloss. Die Mitte des Roten Platzes war es, wo die sowjetischen Militärparaden ihre Macht demonstrierten. Geradeaus, in der Nähe der Kremlmauer, befand sich das Mausoleum von Wladimir Lenin, dem ersten Regierungschef der Sowjetunion.

Viele der heutigen Sozialisten räumen ein, dass Lenins Nachfolger Stalin ein Tyrann war. Sie versuchen jedoch häufig, die Schuld von Lenin und dem Sozialismus generell abzulenken. In Wahrheit war Lenin jedoch genauso böse wie Stalin, nur auf einer kleineren Ebene. Er war ein Diktator. Er erschuf die Geheimpolizei, die Tscheka, aus der am Ende der KGB wurde. Er schickte seine politischen Gegner in Sklavenarbeitslager. Er befahl Massenhinrichtungen und vorsätzliche Massenhungersnöte.

„Das Schwarzbuch des Kommunismus" listet die vielen Gräueltaten auf, die von sozialistischen Regimen begangen wurden, und weist darauf hin, dass es „unmöglich ist, eine exakte Anzahl an Menschen anzugeben, die dieser ersten großen Welle des roten Terrors zum Opfer gefallen sind... die gesamten Berichte in der offiziellen Presse alleine legen nahe, dass es mindestens zwischen 10.000 und 15.000 ... standrechtliche Hinrichtungen in zwei Monaten gab. Im Zeitraum von wenigen Wochen hatte die Tscheka alleine zwei bis drei Mal so viele zum Tode verurteilte Menschen hingerichtet wie das Zarenregime in über 92 Jahren."[1]

Die Kosaken im südlichen Russland und der südöstlichen Ukraine hatten sich den Bolschewisten (Kommunisten) im Russischen Bürgerkrieg widersetzt und sich geweigert, Lenins Forderung, ihre Lebensmittel abzugeben und ihre Bauernhöfe zu kollektivieren, zu erfüllen. Daher startete Lenin eine Kampagne, die Kosaken zu beseitigen. Sie wurden als „Kulaken" (eine Bezeichnung für wohlhabende Bauern) und „Klassenfeinde" klassifiziert. Das „Schwarzbuch" berichtet, dass „auf den Prinzipien des Gemeinwohls ein neues Regime eine Reihe an Maßnahmen ergriffen hat, die speziell dazu entworfen worden waren, die Bevölkerung eines gesamten Gebietes zu beseitigen, auszurotten und zu deportieren" und dass diese „Entscheidung nicht in der Hitze des Gefechts getroffen, sondern von den höchsten Autoritäten, inklusive Lenin, geplant wurde".[2]

Das Land der Kosaken wurde beschlagnahmt. Der Präsident des Revolutionskomitees des Dons, der die Verantwortung trug, bolschewistische Regularien im kosakischen Gebiet zu verhängen, berichtete: „Was gegen die Kosaken ausgeführt wurde, war ein willkürliches Verfahren der Massenausrottung.[3] Die Kosaken am Don und im Kuban-Gebiet zahlten einen hohen Preis für ihre Widersetzung gegen die Bolschewiken. Laut den zuverlässigsten Schätzungen wurden zwischen 300.000 und 500.000 Menschen in den Jahren 1919 und 1920 getötet oder deportiert, von einer Bevölkerung von nicht viel mehr als drei Millionen."[4]

Die große russische Hungersnot von 1921 und 1922 war ebenfalls zum Großteil Lenins Werk, da er von den übrig gebliebenen Bauern Getreide beschlagnahmte und sie dem Hungertod überließ. Im „Schwarzbuch" wird dokumentiert: „Obwohl sie perfekt über die unausweichlichen Konsequenzen der Beschlagnahmungsmaßnahmen informiert war, unternahm die Regierung keine Schritte, diese vorhergesagten Effekte zu bekämpfen. Am 30. Juli 1921, als die Hungersnot eine wachsende Anzahl an Regionen ergriff, schickten Lenin und Molotow ein Telegramm an alle Führer der regionalen und provinziellen Parteikomitees mit dem Verlangen, ,die Mechanismen der Lebensmittelbeschlagnahmung zu stärken'" oder anders ausgedrückt, die Bauern noch stärker auszupressen.[5] Am Ende starben während dieser menschengemachten Hungersnot mindestens fünf Millionen Menschen.

Während dieser Zeit, bekannt als „Kriegskommunismus", führte Lenin den Vorsitz über ein umfassendes Programm, die

Produktionsmittel zu verstaatlichen. Es war eine Katastrophe. Die Produktion brach ein, Hungersnöte breiteten sich aus, und es gab weitverbreitete Revolten. Letztlich führte Lenin 1921 die Neue Ökonomische Politik (NEP) ein, was einen Schritt weit weg vom Sozialismus bedeutete. Geld wurde wieder eingeführt, kleine Privatunternehmen wurden legalisiert, und Bauern war es wieder erlaubt, Lebensmittel am freien Markt zu verkaufen. Sozialistische Regierungen retten sich meistens, indem sie beschränkte kapitalistische Reformen durchführen, bevor sie zu ihrem alten Weg zurückkehren, was genau so 1928 geschah, als Stalin die NEP wieder aufhob.

Mit Lenins Mausoleum vor der Nase sagte Bob: „Lass uns uns wie Touristen benehmen und uns dieses alte Arschloch anschauen." Nach einer langen, klassisch-sozialistischen Warteschlange sahen wir den massenmordenden Hurensohn (der übrigens auch die Prohibition eingeführt hatte – ein weiterer Grund, ihn zu hassen) in einem schwach beleuchteten Raum liegen, mit russischen Soldaten, die feierlich Wache standen.[6] Besucher sollen langsam, in einer Reihe mit dem Kopf nach unten, im Raum herumgehen: Keine Fotos, nicht reden, nicht rauchen, keine Kopfbedeckung tragen oder die Hände in die Taschen stecken – ich steckte meine Hände in die Taschen und wurde von einem Wächter angeschrien.

* * *

Das war genug kommunistischer Tourismus für uns. Wir zogen weiter zum Hotel „Metropol". Das Hotel, das 1907 eröffnet hatte, hat eine prachtvolle Struktur mit wunderschön verzierten Granit-Schnitzereien, gekachelten Bildern von Prinzessinnen auf der Außenseite, kostbaren Marmorsäulen und Glasmalereien an den Dachfenstern über den Kronleuchtern in der Lobby. Natürlich hatten die Bolschewisten das Hotel 1918 verstaatlicht und daraus Bürogebäude und Wohnräume für Bürokraten gemacht, aber in den 1930ern hatten sie es wieder zurück in ein Hotel verwandelt.

Das Hotel „Metropol" ist ein wichtiger Teil von Moskaus sowjetischer Geschichte. S. J. Taylor, der Autor von „Stalin's Apologist", einer vernichtenden Biographie des „New York Times"-Reporters Walter Duranty, schreibt: „Der Mann der ‚New York Times' in Moskau konnte gewöhnlich in der Menge an der Bar des Hotels ‚Metropol' gefunden werden."[7] In den frühen 1930er Jahren war die Bar das „Zentrum einer glänzenden bourgeoisen Gesellschaft in einer glanzlosen Umgebung des Proletariats. Sie war wenig mehr als ein Alkoven des Hauptspeisesaals, trotzdem kam praktisch jeder Amerikaner, der die Sowjetunion besuchte, früher oder später hierher."[8]

Daher ist es nicht überraschend, dass auch Bob und ich unseren Weg hierher fanden. Es war nur eine kleine rechteckige Bar in einem Alkoven, aber sie war gut ausgestattet mit Wodka. Wir tranken ein paar und redeten über die „Times" mit ihrer jahrelangen Serie von Kolumnen über „das rote Jahrhundert", in denen niemals erwähnt wurde, wie ihr eigener notorischer Moskau-Korrespondent in den 1920er und 1930er Jahren ein bloßes Sprachrohr für sowjetische Propaganda war.

Walter Duranty lebte ein privilegiertes Leben in Moskau. Er hatte ein hübsches Apartment, ein Auto mit Fahrer und einen Sekretär, und er konnte es sich leisten, gut essen und trinken zu gehen und regelmäßige Reisen nach Berlin, Paris und Saint-Tropez zu unternehmen. Er wurde als führender Auslandskorrespondent in Moskau betrachtet, aber weit entfernt von einem ehrlichen, unvoreingenommenen Reporter, sah er seine Rolle als Unterstützer des kommunistischen Regimes.

Duranty gewann 1932 den Pulitzer-Preis, und das Preiskomitee lobte ihn für seine „Wissenschaftlichkeit, Tiefsinnigkeit, Objektivität, sichere Beurteilung und außergewöhnliche Klarheit…"[9] In seiner Dankesrede erklärte Duranty: „Ich fand heraus, dass die Bolschewisten aufrichtige Enthusiasten waren, die versuchten, ein Volk zu regenerieren, das schockierend schlecht regiert worden war, und ich entschied mich, zu versuchen, ihnen eine faire Beurteilung zukommen zu lassen. Ich glaube immer noch, dass sie das Beste für die russischen Massen tun, und ich glaube an den Bolschewismus – für Russland." S. J. Taylor zitiert Durantys Zustimmung zum „geplanten Wirtschaftssystem" und seinen „Respekt" für „die sowjetischen Führer, insbesondere Stalin, von dem ich denke, dass aus ihm ein wirklich großartiger Staatsmann geworden ist".[10]

Ein Jahr später führte ihn seine Bewunderung Stalins und der Bolschewisten zu einer Verschleierung dessen, was vielleicht die größte Gräueltat war, die Stalin je begangen hat. Nachdem Stalin die NEP aufgehoben hatte, verdoppelte er erneut die Bemühungen, Ackerland zu kollektivieren. Kleinbauern widersetzten sich verständlicherweise, versteckten Getreide und aßen ihre eigenen Tiere, bevor sie beschlagnahmt werden konnten. S. J. Taylor schreibt, dass „die bei weitem häufigste Methode des Widerstands das Schlachten des eigenen Viehs durch die Kleinbauern war, um die Kollektivierung durch den Staat zu verhindern... allein im Februar und März 1930 wurden etwa 14 Millionen Rinder getötet, ein Drittel aller Schweine, ein Viertel aller Schafe und Ziegen. Im Januar und Februar wurden um die zehn Millionen bäuerliche Haushalte gezwungen, sich Kolchosen anzuschließen. 1934 verkündete der 17. Parteikongress, dass mehr als 40 Prozent aller Rinder im Land verlorengegangen waren, zusammen mit dem großen Überschuss von 60 Prozent aller Schafe und Ziegen. Westliche Schätzungen waren sogar noch höher."[11]

Stalin gab den Kulaken die Schuld und griff hart gegen sie durch. „Den Kulaken war der Zutritt zu Kolchosen nicht erlaubt; stattdessen mussten sie ‚als gemeinsame Klasse liquidiert' werden. Damit wurden sie entweder nach Zentralasien verbannt oder in die Holzregionen von Sibirien, wo sie unter entsetzlichsten Umständen zur Zwangsarbeit benutzt wurden."[12]

Das Ergebnis war eine riesige Hungersnot. Zwei Journalisten hatten den Mut, zu berichten, was vor sich ging. Im März 1933 schrieb Malcolm Muggeridge im „Guardian", dass die Leute verhungerten. „Ich meine Verhungern im absoluten Sinne;

nicht unterernährt, wie zum Beispiel die meisten orientalischen Bauern ... und manche unbeschäftigte Arbeiter in Europa, sondern wochenlang nahezu gar nichts zu essen haben."

Es gab einen „alles durchdringenden Anblick und Geruch des Todes". „Zu sagen, dass es in einigen der fruchtbarsten Gegenden Russlands eine Hungersnot gibt, ist noch nicht mal nahe an der Wahrheit; es gibt nicht nur eine Hungersnot, sondern – zumindest im Fall des Nordkaukasus – einen Kriegszustand, eine militärische Besetzung."[13]

Es folgte ein ähnlicher Augenzeugenbericht von Gareth Jones im „Guardian". Er blieb einige Zeit bei Kleinbauern, denen die Nahrung ausgegangen war. Jones berichtete, dass sie „auf den Tod warteten", und erzählte ihnen: „Geht weiter nach Süden. Dort haben sie gar nichts. Viele Häuser sind leer und die Bewohner bereits tot."[14]

Reporter wurden von Reisen in die verhungernden Regionen ausgeschlossen, und sowjetische Funktionäre waren wütend, dass diese Berichte von Muggeridge und Jones herausgekommen waren. Sie drohten damit, den Reportern ihre Presseausweise zu entziehen, sollten diese Storys nicht dementiert werden. In einem „New York Times"-Artikel mit dem Titel: „Russians Hungry but not Starving" („Die Russen sind hungrig, aber sie verhungern nicht"), nahm Duranty die sowjetische Position ein und behauptete, dass „es keine tatsächlichen Hungertode oder Tote durch Verhungern gab, aber dass es eine weitverbreitete Sterblichkeit durch Krankheiten aufgrund von Mangelernährung gab".[15]

Duranty gab zu, dass es Misswirtschaft von Kolchosen und Verschwörungen von Saboteuren und Verderbern gab, die „Chaos in die sowjetische Lebensmittelproduktion brachten", aber er fuhr fort: „Um es brutal auszudrücken – man kann kein Omelett machen, ohne Eier zu zerbrechen, und den bolschewistischen Führern sind Verluste bei ihrem Drang, den Sozialismus zu erreichen, so egal wie jedem General während des Weltkrieges, der einen kostspieligen Angriff befiehlt."[16]

Ein paar Monate später schrieb Duranty einem Kollegen, dass „die ‚Hungersnot' größtenteils Schwachsinn ist", und später im selben Jahr schrieb er Kolumnen mit Titeln wie: „Die Sowjets gewinnen das Vertrauen der Kleinbauern", „Mitglieder in sowjetischer Kommune reich geworden" und „Überfluss im Nordkaukasus gefunden".[17]

Die Realität sah anders aus. Niemand kennt die genaue Anzahl an Menschen, die gestorben sind. In seinem Buch „Ernte des Todes: Stalins Holocaust in der Ukraine 1929-1933" schätzt Robert Conquest, dass elf Millionen Menschen zwischen 1932 und 1933 verhungert sind und dass sieben Millionen dieser Tode in der Ukraine stattfanden.[18] Die meisten anderen Schätzungen variieren zwischen sieben und 14 Millionen. Das war die vorhersehbare Konsequenz von Stalins Maßnahmen der landwirtschaftlichen Kollektivierung und der erzwungenen Industrialisierung.

In einer kapitalistischen Wirtschaft führt der Anstieg der landwirtschaftlichen Produktivität zur Industrialisierung. Wenn die Steigerung der bäuerlichen Produktivität eine bestimmte Nachfrage an Lebensmitteln übertrifft, müssen weniger Arbeiter auf Bauernhöfen arbeiten. Langsam, aber stetig finden Farmarbeiter besser bezahlte Möglichkeiten in den wachsenden, industrialisierten Städten.

Stalins wirtschaftlicher Plan der kollektivierten Landwirtschaft, bei dem die produktivsten Bauern Russlands in Gulag-Arbeitslager verbannt und ländliche Arbeiter in die Städte gezwungen wurden, um in der staatlichen Industrie zu arbeiten, war eine vorhersehbare Katastrophe. Die Nahrungsproduktion stürzte ab, und die kommunistischen Planer sahen es als Priorität an, Parteimitglieder und städtische Arbeiter zu ernähren, wodurch die Bauern dem Hungertod überlassen wurden. Kommunistische Regime, von Stalin bis Mao, haben diesen verheerenden Kurs wiederholt eingeschlagen.[19]

Bob brachte eine der verrücktesten Kolumnen der Serie „Rotes Jahrhundert" der „New York Times" ins Gespräch, mit dem Titel: „Warum Frauen im Sozialismus besseren Sex hatten".[20] Die Autorin, Kristen Ghodsee, zitierte eine Studie aus dem Jahr 1990, die herausgefunden haben soll, dass ostdeutsche Frauen doppelt so viele Orgasmen hatten wie westdeutsche. Scheinbar verhilft unbeschwerter Sozialismus zu Romantik, während im Raubtierkapitalismus Frauen zu müde sind, um ein gesundes Sexualleben genießen zu dürfen. So oder so ähnlich lautete das Argument.

Francine du Plessix Grays Buch „Drahtseilakte: Frauen in der Sowjetunion" zeichnet ein deutlich anderes Bild. Gray interviewte Hunderte sowjetische Frauen in den späten 1980ern. Statt entspannten Frauen, die, dem Sozialismus sei Dank, endlich Sex genießen konnten, wie es die „New York Times" beschreibt, fand sie Frauen, die völlig verbraucht waren, oft von körperlich anspruchsvollen Arbeiten, während sie versuchten, Haushalt und Kinder zu bewältigen.

Die bolschewistische Regierung erklärte die Frauenemanzipation und beschäftigung zu einem ihrer Ziele und erließ Gesetze, die gleichen Lohn für gleiche Arbeit erzwangen. Die Realität, die Gray vorfand, sah anders aus. Frauen verdienten nur zwei Drittel von dem, was Männer verdienten, obwohl sie besser ausgebildet waren. Währenddessen führten sie körperliche Arbeiten der Art aus, die in einer Marktwirtschaft normalerweise von Männern erledigt wird. 89 Prozent der Hausmeister und Straßenfeger in der Sowjetunion waren Frauen, sowie ein Drittel der Eisenbahnarbeiter und mehr als zwei Drittel der Autobahnkonstrukteure und Lagerhausarbeiter.[21]

Gray bemerkte, dass, während amerikanische Feministinnen nicht mehr „zu Hause festsitzen" wollten und „für das Recht kämpften, in Kohleminen, Feuerwehreinheiten und Polizeibrigaden arbeiten zu dürfen", ebenso wie in anderen männerdominierten Berufen, sowjetische Frauen bei diesen und anderen mühseligen Arbeiten eingesetzt wurden und in den späten 1980ern, nach 70 Jahren Kommunismus, von ihnen befreit werden wollten.[22]

Wenn überhaupt, waren sowjetische Frauen in den 1980ern überarbeitet und hatten einen niedrigeren Lebensstandard, eine schlechtere Gesundheitsversorgung und deutlich beschränktere Optionen, was Verhütung anging, als Frauen in kapitalistischen Ländern. Ein Arzt, der eine Geburtsklinik leitete, erklärte, dass „unsere Kondome leider von erbärmlicher Qualität sind und die Produktion nicht die Nachfrage bedienen kann ... das trägt zu der traurigen Anzahl an Todesfällen bei, die wir durch illegale Abtreibung haben, von denen eine von fünf tödlich endet."[23]

Nicht nur Kondome hatten ein zu geringes Angebot. Nur 18 Prozent der Frauen nutzten irgendeine Verhütungsmethode, und nur fünf Prozent nutzten eine moderne Methode wie die Pille oder die Spirale.[24] Demzufolge gab es unter sowjetischen Frauen eine erstaunliche Anzahl an Abtreibungen. Der sowjetische Gynäkologe Archil Khomasuridse schätzte, dass Frauen in der Sowjetunion zwischen fünf und acht Abtreibungen für jede Geburt hatten.[25]

Das sowjetische Gesundheitsministerium schätzte, dass es zwischen zwei und drei Abtreibungen pro Geburt gab, und selbst das war fünf bis sechs Mal höher als die Rate der Vereinigten Staaten zu der damaligen Zeit. Aber die Statistiken des Gesundheitsministeriums umfassten nur die legalen Abtreibungen, wogegen Khomasuridse die illegalen miteinbezog. Seine Schätzungen waren näher an den Zahlen der Vereinten Nationen.[26]

Warum zahlten Frauen für illegale Abtreibungen Schmiergelder, wenn legale kostenlos waren? Obwohl sie kostenlos waren, waren die staatlichen Abtreibungen grauenerregend. Olga Lipowskaja, die zwei Kinder und sieben Abtreibungen hatte und eine Redakteurin eines feministischen Magazins war, beschrieb Gray den Prozess:

„Man geht in eine blutbespritzte Halle, wo zwei Ärzte an sieben oder acht Frauen gleichzeitig Abtreibungen vornehmen; sie sind normalerweise grob und unhöflich, schreien einen an, dass man seine Beine weit öffnen soll, et cetera... wenn man Glück hat, geben sie einem ein wenig Beruhigungsmittel, meistens Valium. Dann ist man an der Reihe, hinaus in den Ruheraum zu taumeln, wo man nicht länger als zwei Stunden verbringen darf, weil die Fließbandabfertigung, die man sehen kann, immer ziemlich beschäftigt ist."[27]

Nichts davon klingt für Frauen sonderlich gut. Aber was ist mit dem besseren Sex? Laut Dr. Khomasuridse hatten 70 Prozent der Frauen in der Sowjetunion niemals einen Orgasmus, und „über die Hälfte der sowjetischen Frauen, die vollständig befragt wurden, erklären, dass sie sexuellen Kontakt verabscheuen".[28]

Als Gray Dr. Lew Schtscheglow, einen Sexualforscher aus Leningrad, interviewte, erklärte er, wie kulturelle Faktoren in Kombination mit dem sozialistischen System zu schlechtem Sex für Frauen führten:

„Sowjetische Frauen haben die wohl höchste Rate von kulturell unterdrückten Orgasmen der Welt... Sehen Sie, was für eine Art Orgasmus erwarten Sie in einer Gesellschaft, die, zusätzlich zu all der Scham, mit dem Sex beladen ist, für Jahrzehnte in Kommunen gelebt hat? Ich behandle ein Pärchen, für das ich keine Lösung finden konnte; die Schwiegermutter schläft hinter einer Abschirmung im gleichen Zimmer, die junge Ehefrau kann sich nicht erlauben, auch nur ein Stöhnen von sich zu geben... Wie kann man so Liebe machen... die Schwiegermutter liegt dort und hört jedes Quietschen des Bettes."[29]

Die sowjetischen Sozialisten versprachen Gleichberechtigung und ein besseres Leben für Frauen, aber genauso, wie sie bei ihren Versprechen bezüglich allgemeinem Wohlstand und wirtschaftlicher Gleichberechtigung versagten, scheint es, dass sie im Schlafzimmer versagten.

Nachdem wir noch ein paar Wodka gekippt hatten, machten wir für diese Nacht Schluss, damit wir am nächsten Morgen aufstehen und unseren Flug erwischen konnten. Wir flogen zu „einer beknackt frühen Morgenstunde", wie Bob es nannte, nach Kiew, zum jährlichen Treffen des Economic Freedom Network (EFN), und da er wacher war als ich, lasse ich ihn über Kiew und unsere Weiterreise nach Georgien erzählen.

* * *

Danke, Ben – nun können wir vielleicht ein wenig ernsthaften ökonomischen Inhalt in dieses Buch bringen. Lassen Sie mich damit beginnen, dass das Economic Freedom Network ein regelmäßiges Treffen von Akademikern und politischen Analysten ist, die am wirtschaftlichen Freiheitsindex, der im jährlichen Bericht „Economic Freedom of the World" veröffentlicht wird, mitarbeiten und ihn fördern. Dieses spezielle Treffen zog über zwei Dutzend Leute ungefähr genauso vieler Länder an, über den Index und die zugrundeliegende Forschung zu sprechen.

Das Treffen wurde in Kiew vom Bendukidze Free Market Center ausgetragen, einem neu gegründeten ukrainischen Thinktank, benannt nach Kacha Bendukidse, einem Staatsmann, der liberale Reformen in Georgien vertrat. Bendukidse förderte ähnliche Reformen in der Ukraine bis zu seinem frühzeitigen Tod im Jahr 2014.

Seit 25 Jahren besuche ich Treffen wie dieses, beantworte Fragen über den „Index of Economic Freedom" und höre mir Geschichten von Wirtschaftswissenschaftlern an, die teilweise staatlichen Repressionen und Drohungen ausgesetzt sind. Bei diesem Treffen meinte Jaroslaw Romantschuk, ein Ökonom aus Weißrussland, dass iPhones aus seinem Büro verbannt wurden, weil „man den Akku nicht aus einem iPhone entfernen kann – und das müssen wir tun, damit die Regierung unseren Aufenthaltsort nicht herausfinden kann". Die Ukrainer – keiner von denen, die ich wahrnahm, hatte ein iPhone – nickten wissend.

Jaroslaw, der im sowjetischen Militär gedient hatte und nun in seinen frühen Fünfzigern ist, ist der Präsident des Minsker Mises-Zentrums.

In den frühen 1990ern nahm er an einem Studentenaustauschprogramm teil und kam in die Vereinigten Staaten. Ein Studienkollege gab ihm ein Exemplar von „Der Streik". Er schickte die Karte, die sich im Buch befand, an das Ayn Rand Institute, das ihm zehn weitere Bücher schickte, unter anderem „Human Action" von Ludwig von Mises. So lernte Jaroslaw etwas über freie Marktwirtschaft und klassisch-liberale Ideen, die er nicht nur interessant, sondern überzeugend fand.

Halb im Scherz meinte er zu uns, dass der sowjetische Sozialismus nicht zusammengebrochen sei – er sei nur auf Weißrussland zusammengeschrumpft. Er könnte recht haben. Ebenso wie Nordkorea und Kuba ist Weißrussland eines der wenigen Länder, über die ich nicht genug zuverlässige Daten finden kann, um es in meinen Index einzuordnen. Außerdem erzählte er uns, wie schlecht Frauen in der Sowjetunion behandelt wurden, die, bei all ihrem hochgerühmten Feminismus, ein totalitärer Staat war – weder Männer noch Frauen konnten ihren Repressionen entkommen. Ben fragte Jaroslaw, ob er irgendetwas aus der sowjetischen Zeit vermisse. Er bekam eine ziemlich schonungslose Antwort: „Nein! Es gab nichts Gutes an der Sowjetunion. Alles war schlecht. Die Armee hat mich sogar nach Sibirien geschickt."

Abgesehen von den wenigen Pausen im Zeitplan der Konferenz hatten wir wenig Zeit für Forschung vor Ort. Nach dem Ende der Konferenz spazierten wir durch die Straßen von Kiew, eher auf der Suche nach einem kalten Bier als nach sozialistischen Geschichten, aber wir konnten nicht umhin, zu kommentieren, wie geschäftig die Leute schienen.

Wirtschaftlich geht es der Ukraine nicht gut. Sie befindet sich auf Platz 149 von 159 Ländern auf dem „Index of Economic Freedom", sogar noch weiter unten als Russland (Platz 100). Das geschätzte Durchschnittseinkommen liegt bei 2.100 Dollar pro Person, was nur etwa vier Prozent des amerikanischen Durchschnitts entspricht. Kiew scheint wohlhabender zu sein, aber Kiew ist eine Ausnahme, denn Kiew ist, wie Moskau, eine Hauptstadt. Obwohl die wirtschaftliche Realität der Ukraine wahrscheinlich besser aussieht als die offiziellen Zahlen, besteht kein Zweifel daran, dass die Ukraine sehr arm ist. Die ukrainische Regierung ist korrupt und zentriert eine monopolistische Wirtschaft, von der die Eliten, die in der großen alten Stadt Kiew leben, profitieren.

Nach dem Fall der Sowjetunion mussten große Teile der staatlichen Anlagen, von Wohngebäuden über riesige Industriefabrikkomplexe, an Privateigentümer verkauft werden. Die sogenannten Oligarchen, in guter Beziehung mit der neuen Staatsführung und ähnlichen Gangstern, krallten sich die besten Sachanlagen zu Tiefstpreisen.

Nachdem die Oligarchen die Eigentumsrechte an diesen staatlichen Anlagen innehatten, betrieben viele erfolgreich Lobbyismus, um den gleichen Monopolstatus zu erhalten, den sie in Sowjetzeiten bereits genießen konnten. Staatliche Monopole wurden durch private Monopole ersetzt. Es ist verständlich, dass so viele Ukrainer sich nach der Unabhängigkeit betrogen fühlten.

Kiew scheint wohlhabend, weil es die Heimstätte der Oligarchen und ihrer Lakaien ist. Wir hatten keine Zeit, das verarmte Hinterland zu untersuchen, daher mussten wir uns mit der Untersuchung Zentral-Kiews, aus schicken Kneipen und Restaurants heraus, zufriedengeben. An unserem letzten Abend in Kiew gingen wir in ein lächerlich schickes ukrainisches Restaurant in einem gehobenen Einkaufszentrum im Stadtzentrum. Das Einkaufszentrum lag neben dem Unabhängigkeitsplatz, wo Demonstranten 2014 gewaltsam gegen die pro-russische Regierung protestiert hatten. Dies führte letztendlich zur Installation der derzeitigen anti-russischen Regierung. Reihenweise Blumen und Bilder von toten Demonstranten säumen den Platz bis zum heutigen Tag.

Leider scheint es, dass sie vergeblich gestorben sind. Die neue Regierung, obwohl anti-russisch, ist ähnlich korrupt und autoritär wie die alte, und die einheimischen Liberalen haben nicht nur Angst um das Land, sondern um sich selbst.

Micheil Saakaschwili (beziehungsweise „Mischa", wie er genannt wird), der ehemalige Präsident von Georgien, schloss sich unserer Gruppe zum Abendessen an. Seit er Georgien verlassen hat, führte er die liberale Opposition gegen die derzeitige ukrainische Regierung an. Kurz bevor Ben und ich in Kiew ankamen, hatte die ukrainische Regierung Mischas Visum entzogen, nur um es ihm direkt wiederzugeben, als der Vorfall in den Nachrichten auftauchte. Ein paar Wochen nach unserem Besuch wurde Saakaschwili beschuldigt, mit den Russen unter einer Decke zu stecken, um die ukrainische Regierung zu unterminieren, und darauf wurde er verhaftet und abgeschoben – was lächerlich ist, denn Mischa befürwortet Putin ungefähr so sehr wie Ben die Prohibition befürwortet.

* * *

Aber die Wahrheit zählt nicht sonderlich viel, wenn eine sozialistische Regierung dich zum Feind des Volkes erklärt. Als George Orwell seine Dystopie „1984" schrieb, wurde ihm nachgesagt, er habe die BBC im Sinn gehabt, aber er hatte ebenso den sowjetischen Kommunismus im Sinn. Und trotz all der „Privatisierung", die in Russland und der Ukraine stattgefunden hat, leiden beide Länder an einem großen kommunistischen Kater.

Kapitel 6

Neuer Kapitalismus: Georgien

September 2017

Wenn Russland und die Ukraine an den Auswirkungen von zu viel kommunistischem Wodka leiden, dann ist Georgien wie ein erfrischender Schluck Argo, eine der bestgebrauten Biersorten des Landes. Ich [Bob] liebe Georgien – das Volk, das Essen, das Bier, den Wein und natürlich die wirtschaftlichen Reformen, die die sowjetischen Hinterlassenschaften übernommen und ihnen neues Leben eingehaucht haben. Ich war wohl 15 Mal in Georgien – öfter als ein Mal im Jahr seit meinem ersten Besuch im Jahr 2005 –, und ich betrachte es beinahe als zweites Zuhause.

Georgien liegt nördlich von Armenien und Aserbaidschan, nordöstlich der Türkei und südlich von Russland am Kaukasusgebirge. Im Osten liegt das Kaspische Meer und im Westen das Schwarze Meer, was durch die Meerenge des Bosporus eine Mündung zum Mittelmeer und damit zum Rest der Welt bietet. Trotzdem kostet es mich für gewöhnlich drei Flüge und mindestens 20 Stunden, um von Texas aus nach Georgien zu gelangen.

Die Hauptstadt Georgiens, Tiflis, sieht in keiner Weise so aus wie eine reiche europäische Stadt. Sie ist schäbig und heruntergekommen – wenn auch verdammt viel besser als noch vor zwölf Jahren. Bei meinem ersten Besuch im Februar 2005 schien es noch mehr Schlaglöcher als Autos auf der Straße zu geben, und es war kalt und dunkel – nicht Nordkorea-dunkel, aber nahe dran, denn die Wasserkraftanlagen konnten im Winter nur begrenzt Energie produzieren. Aufgrund von Treibstoff-knappheit funktionierten die Gaskraftwerke ebenfalls nicht. Es war wirklich trostlos.

Der Fairness halber muss man sagen, dass es für Hunderte von Jahren trostlos in Georgien war. Zu der Zeit, als George Washington mit Hilfe der Franzosen gegen die Briten kämpfte, kämpfte der georgische König Erekle gegen die Perser mit Hilfe der Russen. Für die Amerikaner ging das besser aus. Tiflis wurde geplündert, und die Georgier verloren den Krieg. 1801 wurde Georgien vom Russischen Reich annektiert. Georgien gewann nach der bolschewistischen Revolution im Oktober 1917 kurz seine Unabhängigkeit zurück, nur damit die Rote Armee 1921 wieder einmarschieren konnte.

* * *

Kurz darauf wurde die Georgische Sozialistische Sowjetre-publik ein Bestandteil der Sowjetunion. Erst 70 Jahre später, im April 1991, wurde Georgien erneut von Russland unabhängig. Selbst nach der Unabhängigkeit blieb es ein ziemlich trostlo-ser Ort. Bürgerkriege brachen in drei Regionen aus. Korrupte Amtsträger, viele davon ehemalige Sowjetbeamte, beuteten das Land aus statt wichtige marktwirtschaftliche Reformen einzu-leiten.

Georgien strampelte in diesem Status vor sich hin, als die Wirtschaftswissenschaftler Gia Jandieri und Paata Scheschelid-se mich das erste Mal dazu brachten, eine Vorlesung an der New Economic School zu halten, die sie in Tiflis leiteten. Ich kannte Gia und Paata damals kaum, und ich wusste so gut wie gar nichts über georgische Geschichte oder Politik. Als wir durch die Stadt fuhren, zeigten sie mir aufgeregt Plätze, an denen während der Rosenrevolution Demonstrationen stattgefunden hatten, obwohl ich gar nicht wusste, was die Rosenrevolution war (falls Sie es auch nicht wissen: Das war eine friedliche Revolution Ende

2003, die das korrupte Regime, das das Land seit 1992 regiert hatte, gestürzt hat).

Wie sich herausstellte, waren Paata und Gia die Wegbereiter der Rosenrevolution gewesen, und sie hatten die neue Regierung, angeführt von Micheil Saakaschwili, in Richtung wirtschaftliche Freiheit gedrängt. Groß, charismatisch und liberal (im europäischen Sinn, da der Begriff „liberal" in den USA die Linken meint, Anmerkung des Übersetzers), war Micheil „Mischa" Saakaschwili ein starker Gegensatz zu den mürrischen ex-sowjetischen Anführern, die er ersetzte. Er besaß einen Jura-Abschluss der Columbia University, sprach einwandfreies Englisch, trug italienische Anzüge und verlieh der Rosenrevolution ihren Namen, indem er rote Rosen verteilen ließ, um seine Absichten von friedlichen Reformen in Georgiens Institutionen zu symbolisieren. Er wurde im Januar 2004 der neue Staatspräsident des Landes.

Am ersten Abend meiner ersten Reise begleiteten Paata und Gia mich zu einem staatlichen Gebäude, an dem der Putz von den Wänden bröckelte, Kabel von der Decke baumelten und ein paar wenige Glühbirnen und Standheizungen von einem brummenden Generator betrieben wurden. Nach einer angsteinflößenden Fahrt in einem wackelnden Aufzug, dessen Tür nur bis zur Hälfte schloss, trafen wir den Minister für wirtschaftliche Reformen, Kacha Bendukidse.

Saakaschwili ist mehr Politiker als Paragraphenreiter, und er hatte erkannt, dass er Hilfe benötigte, wenn er irgendwie eine westlich orientierte Marktwirtschaft umsetzen wollte, von der er wusste, dass Georgien sie nötig hatte. Daher verlockte er den vom Biologen zum Unternehmer gewordenen Kacha Bendukidse dazu, seine rechte Hand zu werden. Bendukidse, ein gebürtiger Georgier, hatte petrochemische Unternehmen in Russland geleitet und damit ein Vermögen gemacht. Als Minister für wirtschaftliche Reformen wurde aus ihm ein Turnaround-Artist, der eine Agenda durchdrücken und der georgischen Wirtschaft Starthilfe geben konnte. Bendukidse war eine beeindruckende Figur – ein Hulk von einem Mann, der über 130 Kilo gewogen haben muss. Mir war sofort klar, dass Kacha kein Politiker war, aber ich erfuhr mit Begeisterung, dass er ein fanatischer Libertärer war.

Er rasselte mit Begeisterung die Reformen herunter, die er begonnen, und andere, die er geplant hatte. Er prahlte damit, dass er und Saakaschwili „aus Georgien die freieste Wirtschaft der Welt machen werden! Sogar freier als die Vereinigten Staaten."

Offen gesagt, klang er wahnsinnig. Aber es stellte sich heraus, dass Kacha Bendukidse nur wahnsinnig gerissen war. Alle Reformen aufzuzählen, die Kacha in den aufregenden Tagen zwischen 2004 und 2006 durchgezogen hatte, würde ein eigenes Kapitel benötigen.[1] Er fokussierte sich auf drei überlappende Ziele: Reduktion der Regierungsgröße, Privatisierung staatlicher Konzerne in unabhängige Betriebe und die Aufhebung unnötiger Bürokratie und unnötiger Bestimmungen und Regulierungen. Kacha überprüfte systematisch Jobs in der Exekutive; er untersuchte persönlich Büros, nur um zu sehen, was die Bürokraten dort taten, wenn sie überhaupt etwas taten (was in den meisten Fällen nicht viel war, obwohl sie immer noch Gehaltsschecks bekamen); und er strich eine Vielzahl von Stellen. So strich er zum Beispiel die überflüssige Abteilung für Preisbildung (die Preissteuerung war schon über ein Jahrzehnt vorher aufgehoben worden), das Preisinspektionsbüro und den Anti-Monopol-Service und ersetzte diese drei riesigen Bürokratiemonster durch eine einzige Agentur für Freihandel und Wettbewerb mit einer Belegschaft von sechs Leuten.

Im Landwirtschaftsministerium reduzierte Kacha die Anzahl der Mitarbeiter von 4.374 auf 600; im Rathaus von Tiflis fiel die Anzahl der Angestellten von 2.500 auf 800; das Ministerium für Umweltschutz schrumpfte von 5.000 Mitarbeitern auf 1.700; und die Gesamtzahl der Ministerien sank von 18 auf 13. Das derzeitige georgische Innenministerium strich fast 50.000 Staatsangestellte von der öffentlichen Gehaltsliste. Kacha beseitigte außerdem den völlig korrupten staatlichen Verkehrsinspektionsdienst, dessen einziger Zweck es war, Geld von Autofahrern zu erpressen, was die staatliche Gehaltsliste um schätzungsweise 30.000 Straßenpolizisten reduzierte und damit, wie die Georgier scherzten, die Kriminalitätsrate senkte.

Vor Kachas Ankunft waren die halbherzigen Bemühungen Georgiens bei der Privatisierung beschränkt und häufig korrupt. 2004 erklärte Kacha jedoch, dass „alles zum Verkauf steht, außer Georgiens Ehre". Die meisten staatlichen Großindustrien – Fabriken, Krankenhäuser und Wohngebäude – wurden in kürzester Zeit privatisiert.

Unter Kacha Bendukidses Führung begann das georgische Privatisierungsprogramm, das eines der ausführlichsten und am wenigsten korruptesten Programme der ehemaligen Sowjetrepublik war. Die Regierung verkaufte staatliche Vermögenswerte an den Höchstbieter bei öffentlichen Auktionen, ohne Vorzugsrechte für Georgier oder Ausländer. Es gab keine korrupte Bevorzugung oder Insider-Geschäfte.

Das „Intourist"-Hotel, eine ehemalige Perle von einer Immobilie im Ferienort Batumi am Schwarzen Meer, war das erste Gebäude, das durch Bendukidses neuen Plan privatisiert wurde. Der erste potentielle Käufer war ein ortsansässiger Möchtegern-Vetternwirtschaftler mit politischen Kontakten, der nur den armseligen Betrag von 80.000 Dollar bot. Bendukidse wies sein Angebot zurück, ignorierte den politischen Druck, das Angebot anzunehmen, und ordnete eine offene Auktion an. Ein russischer Investor gewann die Auktion mit einem Angebot von mehr als drei Millionen Dollar! Kacha wies die Sorgen zurück, dass die Russen das Land aufkaufen würden, und bestand darauf, dass die privaten Investitionen vorteilhaft für Georgien waren, egal aus welcher Quelle.

Jeder kann die neuesten Gewinnauktionen verfolgen und online auf Grundstücke bieten. Sie können das jetzt direkt tun, wenn Sie Lust haben. Schauen Sie es sich an auf www.privatization.ge. Visa und Mastercard werden akzeptiert. Ich habe mir die Seite angesehen, während ich dieses Kapitel geschrieben habe, und habe festgestellt, dass ein Herr namens Jambul Gelaschwili kürzlich 50 Quadratmeter Betonbauten vom Staat für

2.480 Georgische Lari beziehungsweise 975 US-Dollar gekauft hatte.[2]

Georgiens transparentes Versteigern von staatlichen Anlagen steht im Kontrast zu den Privatisierungen der meisten anderen ehemaligen kommunistischen Länder. In den meisten Fällen wurden Anlagen zu sehr niedrigen Preisen an politische Weggefährten oder die politischen Führer selbst verkauft. In anderen Fällen basierte die Privatisierung auf Gutscheinen, bei denen den Bürgern Kupons ausgegeben wurden, mit denen sie Aktien der neu privatisierten Unternehmen kaufen konnten. Leider verstanden viele Leute den Wert dieser Gutscheine nicht und verkauften sie eifrig zu niedrigen Preisen oder tauschten sie für Essen und Schnaps, so dass sie von skrupellosen Brokern ausgenutzt wurden.

Privateigentum ist essentiell, aber nicht ausreichend, um ein marktwirtschaftliches System zu erhalten, denn das beruht auf anderen wirtschaftlichen Freiheiten – zum Beispiel der Freiheit, ein Geschäft zu gründen, Waren zu produzieren, mit anderen Unternehmen zu konkurrieren, Preise zu setzen und Angestellte einzustellen und zu entlassen. Als Kacha Bendukidse auf die Bühne trat, lechzte buchstäblich die gesamte georgische Wirtschaft verzweifelt nach wirtschaftlicher Liberalisierung. Nicht nur besaß der Staat viele Industrien, sondern die Steuern waren hoch und die bürokratische Überregulierung erstickte Unternehmer.

Georgiens postsowjetische Einkommenssteuer und das Lohnsteuersystem wurden mit Hilfe des Internationalen Währungsfonds entworfen und an Hochlohnländer angepasst. Das Ergebnis war ein sehr kompliziertes Steuersystem mit extrem progressiven Steuerraten. Für Georgiens arme, hauptsächlich landwirtschaftliche Wirtschaft war es ungeeignet und sorgte kaum für ausländische Investoren. Tatsächlich war das System so komplex und hatte so viele Schlupflöcher, dass es wenig Umsatz erwirtschaftete. Es musste etwas getan werden, um die Abgabenordnung zu erleichtern, Korruption auszumerzen und Umsatz zu generieren.

Die Zahl der verschiedenen Steuerarten wurde von 22 auf sieben und später sechs reduziert. Die Raten wurden ebenfalls reduziert mit zwölf Prozent pauschaler Einkommenssteuer und einfachen 18 Prozent Mehrwertsteuer (beziehungsweise Umsatzsteuer). Später wurde die Lohnsteuer, die benutzt wurde, um Sozialpensionen zu finanzieren, beseitigt und in eine pauschale Einkommenssteuer verwandelt, was die Gesamtsteuerrate auf Einkommen von 33 auf 20 Prozent senkte.

Selbst als die neuen Reformen ihre Wirkung entfalteten, galten in Georgien immer noch die Regulierungen der Sowjet-Ära, bei der Gewerkschaften spezielle Privilegien hatten, einschließlich der Verfügung, dass die meisten Arbeitsplätze für Gewerkschaftsmitglieder reserviert waren. 2006 wurde dieses Gesetz endlich über Bord geworfen, und Georgien nahm ein einfaches, liberalisiertes Arbeitsgesetzbuch an, das den Arbeitsmarkt dem freien Wettbewerb und der Vertragsfreiheit öffnete.

Innerhalb weniger Jahre hatte Kacha beinahe alles erreicht, was er am kalten Februarabend 2005 versprochen hatte. Dennoch blieb er hinter einigen Zielen zurück. Sein Plan, die nationale Währung zugunsten des US-Dollars zu entsorgen, so wie Panama und Ecuador es getan hatten, fiel aus. Die Bemühungen um die Privatisierung von Grund und Boden in den bergigen Teilen von Georgien scheiterten. Nicht so sehr wegen übrig gebliebener sozialistischer Opposition gegen das Privateigentum, sondern einfach, weil das Konzept des Landbesitzes für die Leute in den Bergen nicht besonders bedeutungsvoll ist.

Bei einem Ausflug wanderte ich in das Kaukasusgebirge, im nördlichen Teil des Landes, in einer Region namens „Chewsuretien", nahe der russisch-tschetschenischen Grenze. Meine georgischen Wanderkumpane und ich logierten bei einer örtlichen Familie, weitab von der nächsten Straße – mindestens einen gesamten Wandertag. Als unser Gastgeber uns erzählte, dass sie in den Bergen kein Privateigentum benötigten, fragte ich ihn höflich, wie er und die anderen Bergbewohner die Kühe und Schafe verfolgen würden, die entlang der Berge grasten. Mit glühenden Augen antwortete er: „Ich kenne meine Tiere!" Mit seinen Worten machte er mir deutlich, dass er, genauso wie Bergbewohner überall auf der Welt, keine Großstadttrottel brauchte, die aus der Hauptstadt kamen und ihm in seinem Lebensstil hereinredeten.

Als Kacha seine Reformen 2004 begann, rangierte Georgien auf Platz 56 des „Index of Economic Freedom". In der Ausgabe von 2017 war Georgien auf Platz acht der gesamten Welt, noch vor den Vereinigten Staaten auf Platz elf. Können Sie sich vorstellen, von der Georgischen Sozialistischen Sowjetrepublik im Jahr 1991, mit beinahe gar keinen wirtschaftlichen Freiheiten, zu einer Platzierung unter den freiesten Wirtschaften der Welt in bloß etwas über einem Jahrzehnt zu gelangen? Es ist wirklich bemerkenswert.

Als Ben mit mir im Herbst 2017 Georgien besuchte, war Tiflis nicht mehr länger eine kalte, dunkle Stadt. Das war Bens erste Erfahrung in Georgien, und er dachte, es sieht und fühlt sich ziemlich rau an – und das Raueste von allem war sein Hotelhandtuch. Das Hotel trocknet die Handtücher immer noch auf einer Wäscheleine. Ben war überzeugt, dass man seines gestärkt hatte.

Mein Besuch in Tiflis erinnerte mich daran, eine Lieblingsnichte oder einen Lieblingsneffen – die man ein oder zwei Mal im Jahr sieht – beim Aufwachsen zu beobachten. Heute hat Tiflis besser gepflasterte Straßen als Dallas. Die ehemals dunkle Stadt leuchtet inzwischen bei Nacht wie Paris. Touristen kommen aus ganz Europa und dem Nahen Osten, um Georgiens berühmtes Essen, Wein und andere Attraktionen zu genießen, einschließlich der neuen Fußgängerbrücke aus Glas über den Fluss Kura, des sanierten mittelalterlichen Bereichs der Stadt mit seinen malerischen Geschäften und hippen Restaurants, der Seilbahn, die einen zum Berggipfel bringt, wo ein repariertes Riesenrad steht, und der Seilbahnen, die den einen Berggipfel mit dem anderen verbinden.

Selbst unter sowjetischer Herrschaft war Georgien weit genug von Moskau entfernt, um ein Zentrum für gute Küche und avantgardistische Kultur zu sein. Tiflis war eine Brutstätte für Filmemacher und Künstler wie den in Tiflis geborenen Armenier Sergei Paradschanow, der heute mit einer skurrilen Statue eines mit Flügeln versehenen Künstlers gefeiert wird, der durch die Lüfte schwebt. Hätte der echte Paradschanow schweben können, hätte er vermutlich die Jahre in Stalins Gefängnis vermieden. Die besten sowjetischen Chefköche wurden in Tiflis ausgebildet, und bis zum heutigen Tage ist es üblich, georgische Chefköche in den Küchen der vornehmsten Restaurants über die gesamte alte Sowjetunion zu finden.

Wir nutzten das renommierte Essen und die Getränke während unserer Reise natürlich voll und ganz aus. Die georgische Weinindustrie floriert, und wir waren mehr als glücklich, den Wein probieren zu dürfen. Es scheint, als hieße die Hälfte der Männer in Georgien „Giorgi", und wir trafen einen in einem Restaurant, der seine preisgekrönten Weine servierte. Giorgi war ausgebildeter Physiker, so wie viele intelligente Menschen in der ehemaligen Sowjetunion, denn es war einfacher, die Integrität in Naturwissenschaften und Mathematik beizubehalten als in offen politisierten Feldern wie Geschichte, Politikwissenschaften und Wirtschaft, die der kommunistischen Parteilinie alles nachplappern mussten. Die Sowjetunion war hoffnungslos unterversorgt mit Dingen wie Toilettenpapier und Butter, aber ihr Bildungssystem war massiv überversorgt mit Physikern und Mathematikern, bis zu dem Punkt, dass manche Leute, wie Giorgi, am Ende Wein herstellten.

Genau genommen stellten selbst sowjetische Bürokraten fest, dass Georgiens relativ trockenes, warmes Klima besser für die Weinherstellung geeignet war als zum Beispiel Sibirien, daher machten sie ganze Schwaden von Georgiens flachen, zentralen Tälern östlich von Tiflis zu Weinanbaugebieten. Sie importierten französische Trauben und nutzten moderne Techniken, um riesige Mengen kaum trinkbaren Gesöffs für die Massen herzustellen. Heutzutage will kein Mensch mehr dieses Scheißzeug trinken, und die meisten dieser Felder liegen brach, doch Gott sei Dank wurde die wahre georgische Weintradition am Leben erhalten.

Giorgi zum Beispiel nutzt die heimische Traubenvielfalt, die er auf georgische Weise fermentiert: die Trauben stampfen (mit Schale, Kernen, Stiel und allem), die Mischung in riesige Tonkrüge, genannt „Quevri", schütten, die Töpfe im Boden vergraben und dann auf den richtigen Moment warten. Dieser Prozess mag primitiv klingen, aber die Weine sind überraschend komplex, und bei den Weißweinen kommt ein tiefer, fast orangefarbener Farbton durch die Wechselwirkung mit Schalen und Stielen heraus. Georgische Weine sind zu Recht berühmt und qualifizieren sich allein schon als Touristenattraktion, und die Investoren strömen in Scharen herbei, um ein Stück vom Kuchen abzubekommen.

Obwohl wir viel gutes Essen und Getränke genossen, hatten wir einen engen Zeitplan, der Vorträge an verschiedenen Universitäten beinhaltete. Im Zuge von drei Tagen hielten wir jeweils Vorlesungen an der Georgischen Universität für Sozialwissenschaften, der Internationalen Schwarzmeer-Universität und der Lehruniversität Gori über wirtschaftliche Freiheit, Entwicklung und internationalen Handel.

Studenten waren immer begeistert, wenn sie lernten, dass Georgien zu den wirtschaftlich freiesten Ländern der Welt gehörte, aber nachdem sie hörten, wie wirtschaftliche Freiheit Wohlstand erschafft, stellten sie immer dieselbe Frage: „Wenn Georgien so frei ist, warum sind wir dann so arm?" Das ist eine gute Frage. Es gibt Faktoren neben wirtschaftlicher Freiheit, die den Fortschritt beschränken können. Georgien hat eine geographisch schwierige Lage, und sein großer, feindlicher Nachbar ist nicht sehr hilfreich.

Und wenn ich sage „feindlich", dann meine ich das wortwörtlich. Im August 2008 wurde ich von meinen Freunden Paata und Gia eingeladen, einen Vortrag auf einer Konferenz zu halten. Ich war gerade erst ins Flugzeug gehüpft, da überfielen die Russen Georgien, und als ich landete, fand ich mich mitten im Krieg wieder! Die russische Armee behauptete, dass sie die Südosseten unterstütze, die die Unabhängigkeit von Georgien forderten. Der Krieg dauerte mehrere Tage; die Georgier waren im

Handumdrehen besiegt; und bis zum heutigen Tage verbleiben zwei Regionen, Südossetien und Abchasien, unter russischer Besetzung.

Der Hauptgrund dafür, dass Georgien immer noch arm ist – mit Durchschnittseinkommen von nur ungefähr 8.000 Dollar im Jahr –, besteht darin, dass es mehr als 200 Jahre lang ein russischer und dann ein sowjetischer Satellitenstaat war, der die ersten zwölf Jahre nach dem Zerfall der Sowjetunion weitgehend sozialistische Politik fortführte und erst kürzlich wirtschaftliche Freiheit und Kapitalismus eingeführt hat. Wirtschaftswachstum benötigt Zeit, um den Lebensstandard zu erhöhen. Georgiens Reformbemühungen haben signifikantes Wachstum angeregt, und wenn Georgien auch noch nicht mit Reichtum protzen kann, geht es dem Land auf jeden Fall deutlich besser als damals, und die Zukunft sieht sogar noch rosiger aus. Die Beweise dafür waren nicht nur überall um uns herum sichtbar; sie liegen auch in den messbaren Wirtschaftsstatistiken des Landes. Kollegen von Ben an der Texas Tech, Kevin Grier und Sam Absher, und ich haben die Auswirkungen der Rosenrevolution auf die sozialen und wirtschaftlichen Ergebnisse Georgiens seit 2004 untersucht.[3] Gemäß unseren vorsichtigen Schätzungen ist das georgische Einkommen pro Person um etwa 40 Prozent höher; die Säuglingssterblichkeit ungefähr 30 Prozent geringer; und die Beschäftigungsrate etwa zehn Prozent höher, dank der Reformen der Rosenrevolution. Außerdem kam dieser Fortschritt ohne signifikanten Anstieg der wirtschaftlichen Ungleichheit zustande. In Georgien teilen sich das steigende Einkommen und die Möglichkeiten unter buchstäblich allen gleich auf. Die Daten erzählen diese Geschichte, und unsere Augen bestätigten sie auf unserer Reise.

Wenn Georgien an seinen Reformen festhält, werden sich die Dinge weiter verbessern, und eines Tages werden die georgischen Studenten nicht mehr die Frage stellen müssen, warum ihr Land arm ist.

Eines Nachmittags in Tiflis gingen wir in eine umgewandelte alte Fabrik, wo im Erdgeschoss Hipster Luxuskaffee tranken und glutenfreie, vegetarische Knabbereien mampften, während wir im Konferenzraum ein Stockwerk höher an einer Podiumsdiskussion über das georgische „Gesetz über wirtschaftliche Freiheit" teilnahmen. Dieses Gesetz beschränkt die Regierung auf ein jährliches Budgetdefizit von nicht mehr als drei Prozent des BIP, die nationalen Schulden auf nicht mehr als 60 Prozent des BIP, die jährlichen Staatsausgaben auf nicht mehr als 30 Prozent des BIP, und es verbietet jegliche Art neuer Steuern ohne Zustimmung der Wähler. Die Regierung, die Saakaschwili ersetzt hatte, wollte diese Budgetzwänge aufweichen. Ben und ich warben dafür, dass Georgier, als Mitglieder eines ehemaligen kommunistischen Staates, besser als jeder andere wissen sollten, dass Regierungen einen unersättlichen Appetit nach Steuerzahlergeldern und das gefährliche Verlangen nach Macht über Individuen haben und dass das bestehende Gesetz ein Gottesgeschenk für die Beschränkung der Staatsmacht, verantwortungsvolle Finanzen und den Schutz individueller Freiheitsrechte war. Wir argumentierten, dass sie an diesem Gesetz festhalten sollten, statt es aufzulösen. Ein regierungsbürokratischer und linker Professor argumentierte gegen uns. Nach etwa einer Stunde verließen wir die Georgier, um sie den Kampf in ihrer eigenen Sprache ausfechten zu lassen, und suchten nach Bier, das wir in einer Bar voller bärtiger Hipster fanden. Eine Woche später stimmte es uns glücklich, als wir herausfanden, dass das georgische Parlament dafür gestimmt hatte, das Gesetz für mindestens zehn weitere Jahre in Kraft zu lassen.

Nach unseren Gesprächen an der Lehruniversität Gori fühlten wir uns verpflichtet, eine Stunde oder so durch das örtliche Stalin-Museum zu touren. Josef Stalin wurde 1878 als Iosseb Dschughaschwili in Gori geboren. Stalin erhielt eine gute Ausbildung in kirchlichen Schulen, einschließlich Priesterseminaren in Tiflis, aber er zeigte ein schlechtes Betragen und keinerlei Absicht, ein Priester zu werden. Tatsächlich konvertierte er zu den Idealen des atheistischen, revolutionären Marxismus zu der Zeit, als er um 1899 herum die Schule verließ. Er wurde bald darauf ein Protegé von Lenin, nahm den Namen „Stalin" an und wurde ein berühmter bolschewistischer Anführer und schließlich Lenins Nachfolger als Kopf der Sowjetunion und der Kommunistischen Partei. Im Museum gab es keinerlei Erwähnungen der von Stalin begangenen Gräueltaten, außer einer kleinen Anzeige über georgische Kommunisten, die auf seinen Befehl hin getötet worden waren. Wir haben die vorsätzliche Hungersnot, die Stalin der Ukraine zugefügt hat, bereits beschrieben, aber das war nur eine der Grausamkeiten, die Stalin den Bürgern der Sowjetunion angetan hatte. Während seiner Herrschaft wurden Millionen weitere hingerichtet oder haben sich in Konzentrationslagern zu Tode gearbeitet. Laut den vorsichtigsten Schätzungen ist Stalin für knapp zehn Millionen Todesfälle verantwortlich, die ukrainische Hungersnot und Todesfälle im Krieg nicht mitinbegriffen. Andere Schätzungen gehen von bis zu 20 Millionen aus. Stalin hält hinter Mao den Platz des wohl zweitgrößten Massenmörders der Geschichte, mit Hitler an dritter Stelle – und alle drei Diktatoren waren, selbstverständlich, bekennende Sozialisten der einen oder anderen Sorte.

Die Einheimischen sind seltsamerweise stolz auf Stalin als geborenem Georgier, und Gori behielt eine große Statue von Stalin in der Nähe der Stadthalle bis zum Jahre 2010, als Saakaschwilis Regierung einen Armeehubschrauber mitten in der Nacht in die Stadt flog und sie wegschnappte.

Unser letzter Halt in Georgien war in der Weingegend nahe Telawi, um Gias Tante zu besuchen. Tante Nino ist so etwas wie eine örtliche Unternehmerin, die mehrere Geschäfte in der Gegend betreibt, sowie den Bauernhof der Familie. Nino lebt in einem großen Zuhause mit ihrer sehr alten Mutter, aber ihr Mann und ihre zwei Söhne haben für mehrere Jahre in Brooklyn gelebt und gearbeitet. Die Geldsendungen, die sie nach Hause geschickt hatten, erklärten die neue moderne Küche und den Kamin im Erdgeschoss. Während wir das Fleisch eines Schweins, das erst an diesem Morgen geschlachtet worden war, aufspießten und grillten, bereitete die Frau eifrig eine Vielzahl an Beilagen vor. Wir waren bei einem kleinen „Supra" dabei. Das Supra, ein georgisches Fest, ist eine der aufwendigsten Mahlzeiten, die man erleben kann. Das Essen und Trinken kann vor dem Sonnenuntergang starten und bis zum Sonnenaufgang dauern. Das war Bens erstes Mal in einem georgischen Heim, und er verstand die Aufregung nicht. Die Frau begann, Chinkali herauszubringen, meine liebsten Klöße auf der Welt; Chatschapuri, das beste Käsebrot, das je gemacht wurde; Badridschani, köstliche Auberginen- und Walnuss-Röllchen; Schaschlik, Fleisch am Spieß; Sulguni, frischer Salzlakenkäse; und so weiter und so fort, bis der kleine Tisch komplett mit Essen gefüllt war. Ach, und vergessen wir nicht den selbstgemachten Wein, literweise frischen, lieblichen, pfirsichfarbenen Wein in Zwei-Liter-Flaschen, der auf dem Küchentisch aufgereiht wurde. Nach ein oder zwei kleinen Gängen begannen die Toasts.

Gia, als ältester Mann im Haus, wurde der „Tamada", der Toastsprecher. Bei jedem ordentlichen Supra startet der Tamada jeweils eine Runde Toasts, normalerweise beginnend bei Familienmitgliedern, dann kommen die Vorfahren und dann die Heilige Dreifaltigkeit und was auch immer danach kommt. Er trinkt nach seinem Toast, und dann wird von der nächsten Person erwartet, einen individuellen Toast auszusprechen, der nahe am Bezug des Toasts des Tamada liegt, darauf kommt die nächste Person, und so weiter. Wenn jeder mit der Runde fertig ist, beginnt der Tamada von neuem.

Nach mehreren Runden begann Gia einen Toast auf verlorene Freunde. Ben war mit den Regeln noch nicht vertraut und versuchte, auf freie Märkte oder etwas Ähnliches zu toasten, und wir riefen alle: „Nein! Darauf kannst du jetzt nicht toasten!" Er war völlig perplex, und ich glaube, er hat die Regeln des Spiels immer noch nicht ganz verstanden.

* * *

Als ich an der Reihe war, toastete ich auf Kacha Bendukidse. Kachas Begeisterung für wirtschaftliche Freiheit wurde nur von seiner Liebe zu Essen und Trinken übertroffen. Ein Leben voller Exzesse führte während einer Herzoperation 2014 in London zu seinem Tod. Zur Zeit seines Todes waren er und Saakaschwili in die Ukraine gezogen und hatten versucht, dort marktwirtschaftliche Reformen anzustoßen. Ich beklage heute noch seinen Tod, nicht nur als Verfechter der Freiheit, sondern ebenfalls als jemand, der bei vielen meiner Besuche in seinem Land zu meinem Freund geworden war.

Kacha Bendukidses Name und sein Erbe leben jedoch weiter, in Form des Bendukidze Free Market Center in Kiew. Wir können nur hoffen, dass das Zentrum, das seinen Namen trägt, die Ukraine auf das gleiche Level wirtschaftlicher Freiheit und schließlich Wohlstand bringen wird, die seine Reformen Georgien bringen.

Kapitel 7

Fazit:
Zurück in den USSA

Juli 2018

Wie läuft's, Genosse?", begrüßte ich Bob im Foyer auf der Konferenzetage im „Hyatt Regency Chicago", wo wir das größte jährliche Zusammentreffen der amerikanischen Sozialisten infiltrierten.

„Es ist wie eine bizarre Version des APEE", antwortete er.

Darüber musste ich lachen. Die Association of Private Enterprise Education (APEE) bringt „Lehrer und Schüler aus Colleges und Universitäten, öffentliche Institute und die Industrie zusammen, mit dem gemeinsamen Interesse daran, das System privater Unternehmen zu studieren und zu unterstützen".[1] Bob und ich sind Langzeitmitglieder und ehemalige Präsidenten der Vereinigung, und wir waren jahrelang im Vorstand der APEE. Das war definitiv nicht unser gewöhnliches Publikum.

Wir erwarteten – und bemerkten auch sofort – die schlecht gepflegten, unhygienischen Männer und die absichtlich unattraktiven Frauen, die zum Schlag gegen das Patriarchat ausholen wollten. Aber diese Leute waren eigentlich in der Minderheit. Die meisten der Anwesenden waren legerer gekleidet, als man bei einer Konferenz erwarten würde, aber sie sahen relativ normal aus.

Unsere standardmäßige Wirtschaftswissenschaftleruniform mit Baumwollhose, Oberhemd, Krawatte und blauem Sportjackett hätte aus der Menge herausgestochen, daher gingen wir ebenfalls leger gekleidet. Meine Jeans und Hemden von Brooks Brothers zogen keine Aufmerksamkeit auf sich. Bob und sein Kollege Daniel Serralde waren in ihren kommunistenroten T-Shirts sogar noch besser angepasst. Das hier war Feldforschung. Wir wollten keine unnötige Aufmerksamkeit erregen, waren aber auch nicht dort, um etwas vorzutäuschen.

Nachdem wir die unfreie Welt bereist und wirtschaftliche Stagnation, Hungersnot, Armut und politische Tyrannei durch sozialistische Regime erlebt hatten, kamen Bob und ich zur sozialistischen Konferenz, um unsere eigenen Fragen zu beantworten: Wie kann es sein, dass so viele Amerikaner, insbesondere Millenials, Sozialismus so positiv sehen? Wir wollten hören, was diese selbsternannten Sozialisten zu sagen hatten, und es gab viele Millenials zum Befragen.

Tatsächlich war es eher unser Alter als unser Aussehen, das uns aus der Masse hervorstechen ließ. Wir nahmen die Menge in Augenschein und schätzten, dass mehr als zwei Drittel der Anwesenden unter 55 Jahre alt war. Die nächstgrößte demographische Gruppe waren Hippies der 1960er-Ära, die inzwischen 70 und älter waren. Es gab nur wenige Leute wie uns, die aus der Zeit der 1980er und 90er kamen, den Jahren von Ronald Reagan, Margaret Thatcher, ihren Nachfolgern George H. W. Bush und John Major und dem Fall der Berliner Mauer, nach dem Sozialismus gründlich widerlegt schien.

Am Ende des Flures verkauften junge Menschen T-Shirts und anderen sportlichen Merchandise mit so bescheuerten Slogans wie „Solidarität", „Menschen vor Profit" und „Besteuert die Reichen, und zwar reichlich". Es gab ein paar „Zerschlagt den Faschismus"- oder „Keine Bullen mehr"-T-Shirts, mit denen wir noch sympathisieren konnten, aber zum Großteil war es verrücktes Zeug wie kommunistische Katzenkalender, die aussahen, als wären sie mit jemandes 15 Jahre altem Tintenstrahldrucker gedruckt worden. Sie verkauften die Produkte für den extrem kapitalistischen Preis von 20 Dollar. Ich gab Bob mit den Augenbrauen ein Zeichen: „Diese Kinder wirken ziemlich unternehmerisch für einen Haufen Kommunisten."

„Nee, das ist bloß der typisch sozialistische Schwarzmarkt",
meinte er.

Er hatte recht. Es schien, dass nichts von diesem Schwarz-
marktkapitalismus sanktioniert wurde. Sie verkauften keine Waren an Tischen, die sie registriert und in Abstimmung mit dem
Hotel und den Konferenzorganisatoren bezahlt hatten. Sie verkauften Güter nolens volens, zogen sie aus Seesäcken, Stapeln
auf dem Boden oder Pappkartons. Aus welchem Grund auch immer wurden die Hotelkonferenzregeln hier nicht durchgesetzt.

Etwas anderes, das zu fehlen schien, war eine eindeutige
Definition dafür, was Sozialismus ausmacht. Kommunisten und
Sozialisten jeglicher Couleur waren sich in mindestens einer Sache einig – Privateigentum sollte abgeschafft und durch Kollektiveigentum ersetzt werden. Das bedeutet in der Praxis, dass der
Staat alles kontrollieren sollte, was unter „Produktionsmittel"
fällt, einschließlich Rohstoffen, Fabriken und Arbeit. Der Staat,
nicht Individuen, entscheidet, was produziert, wie produziert
und vor allem von wem produziert werden soll. Aber das war
auf der Eröffnungskundgebung der Konferenz nicht der Fokus.

Die Kundgebung hatte drei geplante Sprecher: Haley Pes-
sin, Denise Romero und Dave Zirin, ein Sportjournalist für das
linke Magazin „The Nation". Aber alle waren mit dabei, als an
einem Punkt, sehr früh in der Kundgebung, die meisten Leute
im Raum spontan für gut ein oder zwei Minuten im Chor riefen:
„Kostenlose Abtreibung auf Verlangen. Wir können das schaffen. Yes, we can."

Obwohl sozialistische Länder wie Sowjetrussland und Castros Kuba hohe Abtreibungsraten hatten, erschien kostenlose Abtreibung als ein seltsames Thema, um so viel Enthusiasmus von
den Leuten bei der Eröffnungskundgebung einer sozialistischen
Konferenz hervorzurufen. Schließlich ist Abtreibung jetzt nicht
direkt eine zentrale Säule eines sozialistischen Systems.

* * *

Seltsamerweise kommentierte keiner der Sprecher auf der Eröffnungskundgebung die Relevanz von zentraler Planung und der Abschaffung von Privateigentum. Stattdessen hörten wir Dinge wie: „Zur Hölle mit dem beschissenen Obersten Gerichtshof", in Anlehnung an die jüngste Entscheidung des Gerichts, die Macht der Gewerkschaften zu beschränken, Gebühren von Angestellten, die keine Gewerkschaftsmitglieder waren, zu erzwingen. Außerdem wurde viel über die Migrationskrise gesprochen und die Trennung der Eltern illegaler Einwanderer von ihren Kindern. Wir erinnerten daran, dass „Demokraten auch abgeschoben haben". Natürlich war Präsident Trump das häufigste Ziel negativer Bemerkungen. Keine große Überraschung.

Das meiste von dem, was wir hörten, war bloß Unterstützung für eine große Reihe linker politischer Positionen, die ziemlich wenig mit Marx oder Sozialismus zu tun hatten. Als Libertäre stimmten wir tatsächlich sogar einigen Punkten zu, aber die Anwesenden schienen einfach nicht das Geringste von Wirtschaft zu verstehen.

Die Sprecher kritisierten „Kapitalismus" – was sie gleichsetzten mit der Mischwirtschaft der Vereinigten Staaten –, aber sie redeten nicht viel darüber, wie ein sozialistisches System aussehen könnte oder wie es funktionieren sollte. Sie glühten vor Leidenschaft darüber, die Welt zu einem Ort zu machen, an dem „Menschen über Profiten stehen", aber sie führten kein Argument dafür an, wie Sozialismus dies erreichen würde. Wir hörten über das „kranke, barbarische System namens Kapitalismus", und uns wurde versichert: „Der Kommunismus wird siegen!" Dieser Kommentar sorgte für begeisterten Applaus.

Nach der Kundgebung entschieden Bob und ich uns, nach dem Teile-und-herrsche-Verfahren vorzugehen. Er ging zu einer Sitzung über Salvador Allende, den gewählten sozialistischen

Führer Chiles, der sich selbst während eines rechten Putsches 1973 umgebracht hatte. Nach ein paar Minuten schlich er sich in meine Sitzung und setzte sich neben mich. „Die Allende-Sitzung wurde verschoben. Anscheinend wurde der Redner zur Arbeit gerufen", flüsterte er, wobei er sich sein Gelächter kaum verkneifen konnte. Ich konnte nicht umhin, mir die Frage zu stellen, wo dieser Redner angestellt war.

Ich nahm an einer Sitzung über Korea teil und war neugierig, zu hören, ob das ein Beispiel für siegreichen Kommunismus war. Ich hatte kein Glück. Die Sitzung trug den Titel „Imperium und Widerstand: Koreas geheime Geschichte", mit Vorlesungen von Diana Macasa und David Whitehouse. Diana ist ein Mitglied der Niederlassung der International Socialist Organization (ISO) in San Francisco. David ist ebenfalls ein Aktivist aus der Bucht von San Francisco und hat für ein paar sozialistische Publikationen geschrieben. Diana und David konzentrierten die meisten ihrer Ausführungen darauf, wie Korea unter der Herrschaft der Japaner, Russen, Amerikaner und chinesischen Imperialisten gelitten hatte.

Das meiste von dem, was wir hörten, schien faktisch richtig, aber sie versäumten es, über den Unterschied zwischen den Wirtschaftssystemen Nord- und Südkoreas zu diskutieren. Diana behauptete fälschlicherweise, dass „Südkorea heute zu den Ländern mit der meisten Ungleichheit auf der Welt gehöre", was das Ergebnis des Kapitalismus sei.

Das stimmt nicht.

Ökonomen benutzen etwas, das sich „Gini-Koeffizient" nennt, um die Einkommensungleichheit zwischen Ländern zu messen. 2015 lag der Gini-Koeffizient Südkoreas bei 33,5, womit es den fünften Platz unter den Ländern mit der größten Gleichheit von 82 Ländern der Welt mit verzeichneten Daten belegt.[2] Allgemeiner gesprochen zeigt die Forschung mit Bobs Index, dass es in Wirklichkeit keine Beziehung zwischen dem Ausmaß an Kapitalismus in einem Land und der Ungleichheit seiner Einkommen gibt. Der große Unterschied zwischen den Armen in freieren Volkswirtschaften und denen in unfreieren

Volkswirtschaften ist die Höhe ihres durchschnittlichen Einkommens. In den meisten wirtschaftlich freien Ländern verdienen die ärmsten zehn Prozent der Bevölkerung etwa 12.000 Dollar im Jahr, während die ärmsten zehn Prozent der Bevölkerung in den am wenigsten freien Ländern nur 1.100 Dollar verdienen.[3]

In Davids Teil des Vortrags beschrieb er, wie die Volkswirtschaften Nord- und Südkoreas in den 1970er Jahren auseinandergingen. Er beschrieb akkurat, dass nicht weniger als zwei Millionen Menschen, beziehungsweise zehn Prozent der Bevölkerung, im Norden in den 1990er Jahren den Hungertod erlitten. Er räumte ein, dass der Süden, obwohl er eine große Ungleichheit aufweise, relativ reich sei und dass viele Menschen im Norden von weniger als zwei Dollar am Tag leben müssen.

Wir fanden es verblüffend, dass die Tatsache, dass Nordkorea ein sozialistisches Wirtschaftssystem hat und der Staat die meisten Produktionsmittel besitzt, während der Süden ein kapitalistisches System angenommen hatte, keinerlei Erwähnung fand. Stattdessen gab David Naturkatastrophen, dem Ende der sowjetischen Hilfen nach dem Zerfall der Sowjetunion und Amerikas Wirtschaftssanktionen die Schuld am wirtschaftlichen Zerfall des Nordens. Obwohl es wahr ist, dass die sowjetischen Wirtschaftshilfen Nordkorea gestützt hatten und dass ein freierer Handel mit den Vereinigten Staaten dem Norden (und in dem Fall auch Kuba) genützt hätten, waren die sowjetischen Wirtschaftshilfen niemals eine wesentliche Ursache für Wirtschaftswachstum. Die meisten der kapitalistischen Tigerstaaten erhielten minimale ausländische Hilfe, wurden aber exakt zu der Zeit reich, in der Nordkorea stagnierte. Nordkoreas staatliches Wirtschaftssystem ist bei weitem der wichtigste Grund für die Armut des Landes. Ohne starke Märkte wäre Handel mit den Vereinigten Staaten wie eine kaputte Stoßstange mit Panzertape zu flicken. Naturkatastrophen die Schuld zu geben, wirft lediglich die Frage auf, warum Naturkatastrophen sozialistische Nationen so viel härter treffen als kapitalistische.

Warum waren wir überrascht, dass die Sprecher bei der Sozialismuskonferenz nicht viel über Sozialismus sprachen?

Nun ja, ich nehme an, dass niemand zugeben will, dass sie ein System wie Nordkorea wollen. Trotzdem war die International Socialist Organization, die Niederlassungen in über 40 amerikanischen Städten hat, einer der Sponsoren der Konferenz, und viele ihrer Mitglieder waren anwesend. Die ISO sagt ziemlich explizit, dass sie echten Sozialismus will – das bedeutet, Sozialismus auf die Art und Weise, wie Bob und ich diesen Begriff benutzen. Die Webseite der ISO hat ein Manifest mit dem Titel: „Wo wir stehen". Der Eröffnungsparagraph liest sich wie folgt:

„Krieg, Armut, Ausbeutung und Unterdrückung sind Produkte des kapitalistischen Systems, eines Systems, in dem eine Minderheit der herrschenden Klasse von der Arbeit der Mehrheit profitiert. Die Alternative ist Sozialismus, eine Gesellschaft, die darauf basiert, dass Arbeiter kollektiv den Reichtum besitzen und kontrollieren, den ihre Arbeit erzeugt. Wir stehen in der marxistischen Tradition, begründet von Karl Marx und Friedrich Engels, fortgeführt von W.I. Lenin, Rosa Luxemburg und Leo Trotzki."[4]

Auffallend abwesend auf dieser Namensliste sind Kim Ilsung, Castro, Mao und Stalin. Sie sehen: „Eine sozialistische Gesellschaft kann nur erbaut werden, wenn Arbeiter kollektiv die Kontrolle über den Reichtum übernehmen und demokratisch seine Produktion und Verteilung gemäß den menschlichen Bedürfnissen planen, anstatt durch Profit" (Hervorhebung hinzugefügt).[5] Durch das Einfügen des magischen Wortes „demokratisch" wird der Anspruch ermöglicht, dass „China und Kuba, sowie die ehemalige Sowjetunion und der Ostblock, nichts mit Sozialismus zu tun haben. Dies sind staatlich-kapitalistische Systeme. Wir unterstützen den Kampf der Arbeiter in diesen Ländern gegen die bürokratische Herrscherklasse."[6]

Zusammengefasst unterstützt die ISO die essentiell definierende Besonderheit von Sozialismus – Privateigentum an den Produktionsmitteln abzuschaffen und es durch Kollektiveigentum zu ersetzen, was im Umkehrschluss bedeutet, Märkte durch zentrale Planwirtschaft zu ersetzen. Wenn man dann aber

„demokratisch" vor „Planwirtschaft" setzt, läuft das auf die Behauptung hinaus, dass reale Umsetzungen von Kollektiveigentum, die immer in politischer Tyrannei geendet sind, nicht das sind, was man eigentlich meint. Aber Moment mal, was ist mit Venezuela? Das war doch demokratischer Sozialismus, oder? Falsch. Bob wird das erklären müssen. Diese Sitzung habe ich verpasst.

* * *

Es war am zweiten Tag. Ich war in einem Raum voller junger Sozialisten und trug meine Cincinnati-Reds-Cap (haha, verstehen Sie?), während ich auf die Sitzung namens „Ist der Sozialismus in Venezuela gescheitert?" wartete. Ich erwartete entweder das Eingeständnis, dass das sozialistische Wirtschaftsmodell Venezuelas gescheitert sei (wenn auch aus Gründen neben dem Sozialismus, wie fallenden Ölpreisen), oder die optimistische Behauptung, dass es immer noch Erfolg habe, trotz all der derzeitigen Gegenbeweise, und dass die Zeit zeigen würde, dass die Sozialisten recht haben.

Die Sprecherin, Eva Maria, war eine venezolanische Sozialistin, die inzwischen in Portland lebt. Eva gab eine sehr anspruchsvolle und beinahe erstklassige Zusammenfassung der derzeitigen Krise in Venezuela. Sie erzählte über Lebensmittelmangel, Korruption und Maduros politisches Durchgreifen mit einem Grad an Ehrlichkeit, von dem ich zugegebenermaßen überrascht war. Sie erkannte sogar an, dass die meisten sozialen Erungenschaften in Venezuela auf die hohen Ölpreise Mitte der 2000er zurückzuführen sind, die die Kassen des Staates gefüllt und ihm erlaubt hatten, mehr für Gesundheitsversorgung und Bildung auszugeben.

Nach etwa 30 Minuten wechselte sie die Schiene und begann, das „staatskapitalistische" System von Chávez und Maduro in Venezuela anzuprangern.

Moment! Was? Sagte sie, das kapitalistische System Venezuelas?

Ja, sagte sie. „Sozialismus in Venezuela ist nicht gescheitert, weil er nie versucht wurde!", schrie sie unter tosendem Applaus in den feuchtheißen und zunehmend stinkenden Raum.

Wenn zuzugeben, dass venezolanischer Sozialismus gescheitert war, die erste Option war und die zweite Option, aufrechtzuerhalten, dass er immer noch verteidigt wurde, so erwartete ich sicherlich nicht Option drei, die da war, dass die venezolanische Wirtschaft zusammengebrochen war, weil sie zu kapitalistisch war! Ungeachtet der sozialistischen Rhetorik von Chávez und Maduro und trotz der Lobpreisungen, die sie von westlichen Sozialisten erhalten hatten, sollte Venezuela in Wirklichkeit genauso kapitalistisch sein wie die guten US und A.

Jedenfalls behauptete sie das.

Ich muss in der Stunde gefehlt haben, als die Lehrer in der Schule erklärt hatten, dass verstaatlichte Firmen und kontrollierte Preise die Kennzeichen von Kapitalismus waren.

Das ist derselbe schmutzige Trick, den Sozialisten seit Jahrzehnten anwenden. Wenn die Zustände bergab gehen, wie sie es unausweichlich tun, behauptet man, es war kein „richtiger" Sozialismus. Ich finde das alles mehr als nur ein bisschen hinterlistig und ziemlich irritierend. Als Sozialisten, demokratische und andere, Venezuela in den 2000ern als großes sozialistisches Experiment hochgehalten haben, lautete die Botschaft: „Seht ihr, wir haben es euch ja gesagt; Sozialismus funktioniert!" Aber wenn der Zusammenbruch kommt, wird die Botschaft geändert in: „Nein, wartet – das war kein richtiger Sozialismus!" Sie wollen Sozialismus in den guten Zeiten für sich beanspruchen, aber ihn während der schlechten verleugnen.

Vielleicht sollte ich hier nicht zu hart sein. Ich bin sicher, viele der Anwesenden bei der Konferenz haben Venezuelas Art des Sozialismus auch in den aufregenden Tagen der 2000er nicht gerühmt, als Sean Penn und andere sein Lobpreis gesungen haben. Die Sozialisten bei dieser Konferenz schienen so etwas wie „Sozialismus von unten" zu bevorzugen, eine idealisierte Welt, in der Arbeiter gemeinschaftlich Unternehmen besitzen und nur lokal mit anderen von Arbeitern geführten Unternehmen Handel treiben. Das ist beinahe anarchistisch, da dabei wenig Platz für einen Staat ist. Ich muss gestehen, dass diese utopische, staatslose Vision nicht das ist, was in der UdSSR, in China, Kuba oder Venezuela versucht wurde.

Trotzdem bin ich nicht sicher, inwiefern diese Ideologie mit der Praxis des Sozialismus der realen Welt übereinstimmt. Lenin und Trotzki waren keine Anführer einer Hippie-Kommune – sie erschufen buchstäblich einen Staatssozialismus und versuchten, ihn auf der ganzen Welt zu verbreiten. In einer großen Gesellschaft den Staat vom Sozialismus zu trennen, ist wie zu versuchen, Privateigentum von Kapitalismus zu trennen. Das geht nicht. Ich sage das auch noch mal für die Leute auf den hinteren Plätzen: Sozialismus bedeutet in der Praxis, dass der Staat die Produktionsmittel besitzt und kontrolliert. Das ist es, was Lenin und Trotzki unter „Sozialismus" verstanden, und das ist es, was „Sozialismus" heute bedeutet.

Wenn diese Kinder in Kommunen leben und es „Sozialismus" nennen wollen, dann ermutigen Ben und ich sie dazu, genau das zu tun. Sie sollten jedoch verstehen, dass kleine, freiwillige Kommunen an denselben wirtschaftlichen Informations- und Anreizproblemen leiden wie größere sozialistische Systeme, nur auf einer kleineren Ebene. Sie müssen sich ausnahmslos auf Märkte außerhalb der Kommune verlassen, da die Arbeitsteilung in einer solch kleinen Population nicht in der Lage sein wird, alle Bedürfnisse der Gemeinschaft zu befriedigen (es sei denn, sie sind gewillt, einen sehr niedrigen Lebensstandard zu akzeptieren).[7] Deine Kommune wird kein iPhone herstellen, Genosse!

Die jungen, naiven Sozialisten, die von einem Sozialismus „von unten" träumen, befinden sich in einer Zwickmühle. Nichtstaatliche sozialistische Kommunen können nur (schlecht) auf kleiner Ebene funktionieren, in einer ansonsten kapitalistischen Welt. Kapitalismus durch dieses System zu ersetzen, erfordert zentralisierte Macht, um die Wirtschaft zu planen.

Dies wiederum führt letztlich zu Staatseigentum, Kontrolle und Tyrannei. Gesamtgesellschaftlicher Sozialismus „von unten", der kein Staatseigentum zur Folge hat, ist ein Widerspruch in sich.

* * *

Also was zum Teufel ist Sozialismus jetzt eigentlich, wenn jedes Land, das jemals die Produktionsmittel kollektiviert hat, nicht sozialistisch ist? Viele der Konferenzteilnehmer, die wir fragten, dachten, Sozialismus bedeute einfach nur das Streben nach einer Welt mit besseren Bedingungen für verschiedene marginalisierte Gruppen. Wenige identifizierten Kollektivismus oder Staatseigentum an den Produktionsmitteln richtig als definierende Elemente des Sozialismus, und die meisten waren nicht hier, um das zu zelebrieren.

Ich [Ben] sprach mit drei jungen Frauen nach dem Abschluss der Eröffnungsrede, die alle drei mit der International Socialist Organization in Berkeley in Verbindung standen. Ich erzählte ihnen, dass ich ein Buch über Sozialismus schriebe, und fragte sie, ob es ihnen etwas ausmachen würde, mir ein paar Fragen zu beantworten, so dass ich besser verstehen könne, was junge Menschen am Sozialismus so anziehend finden. Sie stimmten bereitwillig zu. Ich fragte sie, warum sie bei der Konferenz anwesend waren.

Eine attraktive, gut angezogene Frau antwortete zuerst: „Die Dringlichkeit wegen Trump, den Rechten von Immigranten, Black Lives Matter, indigenen Rechten."

Ihre Freundin sagte, sie „wollte eine Menge Genossen treffen".

Die dritte Frau hatte eine grün gefärbte Strähne in ihren Haaren und unrasierte Beine. Sie erzählte mir, sie sei „neu beim Sozialismus und hier, um mit meinen besten Freundinnen zu lernen, aber auch für die Solidarität von allem".

Ich bat sie, mir das Wesen des Sozialismus zu beschreiben. Eine antwortete, dass „kompromissloser Sozialismus einem Systemwechsel und der Beendigung von Unterdrückung aller Art vollständig verpflichtet ist". Ich fragte, ob dies die Beseitigung von Privateigentum bedeute, und mir wurde erklärt: „Alles beseitigen – nicht nur Privateigentum. Grenzen beseitigen, Miete, alles." Außerdem hat sie noch irgendeinen Schwachsinn über Intersektionalität gefaselt, den ich nicht verstanden habe.

An diesem Punkt des Buches wette ich, dass Sie nicht sonderlich überrascht sind, dass Bob und ich nach dieser letzten Abendsitzung die Hotelbar aufsuchten. Das Ziel war es natürlich, weiterhin Konferenzteilnehmer zu interviewen. „Anti-Hero IPA" stand auf der Karte. Der Henkel war eine grüne erhobene Faust mit einem leuchtenden roten Stern auf dem Handgelenk.

Anti-Hero IPA ist ein Produkt von Revolution Brewing, dem größten unabhängigen Brauereiunternehmen von Illinois. Das Hotel kannte seine Gäste an diesem Wochenende offensichtlich. Anti-Hero IPA verkaufte sich gut, und es schmeckte auch gut. Es ist eine der 27 verschiedenen Hauptbiersorten von Revolution Brewing, das auch andere spezielle Gebräue herstellt. Zusätzlich zu IPA braut das Unternehmen belgisches Quadrupel, Barley Wine, amerikanisches Lager, Oatmeal Stout, Rotbier und viele andere Sorten. Der Alkoholgehalt liegt zwischen 2,3 Prozent in einem Grapefruit-Radler und 16,6 Prozent in einem Barley Wine. Viele Dosen und Zapfhähne des Unternehmens zeigen erhobene Fäuste, rote Sterne und andere marxistische Symbole.

Aber lasst mich eines sagen – dieses privat geführte Unternehmen produziert eine Vielfalt und Qualität an Bier, mit der kein einziges sozialistisches Land, das wir besucht hatten, mithalten konnte. Und die Kinder tranken es. Auch wenn, bei aller Fairness, ich darauf wetten würde, sie hätten auch das fade kubanische Bier getrunken und vielleicht sogar das ekelhafte nordkoreanische Bier, wenn es das dort ebenfalls gegeben hätte.

An dem Abend führten wir jeweils ein ähnliches Gespräch wie das, das ich vorher mit den jungen Frauen aus Berkeley geführt hatte. Bob ging nach draußen und schnorrte eine Zigarette von einem jungen Mann, der den Eindruck machte, als hätte er alle seine weltlichen Besitztümer in seinem Rucksack. Bob fragte ihn, wie es dazu gekommen war, dass er sich für Sozialismus interessierte. Seine Antwort, und ich schwöre, das ist die Wahrheit, war, dass er eines nachts in einer Kneipe ein Che-T-Shirt gesehen hatte und sich entschlossen hatte, nach Che und der Kubanischen Revolution zu recherchieren. Macht euch ruhig lustig über die Propaganda-T-Shirts, aber sie rekrutieren neue Genossen für die Sache.

Unser Freund Daniel Serralde kommt tatsächlich aus einer sozialistischen Familie. Als eine junge Dame an der Bar dies mitbekam, sprudelte es förmlich aus ihr heraus: „Oh mein Gott, bist du ein Red-Diaper-Baby?!" Er antwortete: „Beinahe." Daniel erklärte, dass sein Großvater baskisch-jüdisch war und mit den Republikanern gegen Franco gekämpft hatte. „Cool!", quietschte sie. Einen Verwandten zu haben, der gegen die Faschisten gekämpft hatte, gibt einem bei diesen Leuten ernsthafte Straßen-Authentizität.

Bob sprach mit zwei jungen Frauen, die von Abtreibungsbefürworterinnen zu voll entfalteten Sozialismusaktivistinnen vorangeschritten waren; in der Tat scheinen Abtreibung und Umweltaktivismus die gängigen Einstiegsdrogen zum Sozialismus zu sein. Viele der Konferenzsitzungen spiegelten ein breit gefächertes Interesse für das Anliegen der „sozialen Gerechtigkeit" wider; Privateigentum abschaffen und es durch Kollektivbesitz zu ersetzen, war eher so etwas wie eine Nebensächlichkeit.

Wenn Sie einen Eindruck davon bekommen wollen, was die Teilnehmer der Konferenz wirklich interessierte, neben Lobeshymnen auf Marx und Lenin, ist hier eine Liste einiger Punkte der Konferenzsitzungen:

- Black Lives Matter in der Schule
- Eine Welt ohne Grenzen? Marxismus, Nationen und Migration
- Kapitalismus und die nichtbinäre Geschlechtsidentität
- Der Aufstieg der Red-Power-Bewegung der amerikanischen Indianer
- Künstler gegen Krieg
- Geschlecht und Behinderung
- Wessen Kliniken? Unsere Kliniken! Die Verteidigung von Abtreibungsrechten
- Was sagen Sozialisten über weiße Privilegien?
- Alle elf Millionen: der Kampf für Immigrantenrechte
- Von TrumpCare zu Medicare für alle: die wachsende Bewegung für die Bürgerversicherung
- Sozialismus und die Befreiung der Frauen
- Athleten revoltieren: Black Lives Matter im heutigen Sport
- US-Imperialismus unter Trump
- Von #MeToo bis Nicht mehr: Wie können wir sexuelle Belästigungen und Übergriffe beenden?
- CSI belügt dich: Pseudowissenschaft bei Strafurteilen
- Königinnen des Widerstands: Eine revolutionäre Drag-Show

Im Grunde sind Bob und ich ebenfalls um einige dieser Themen besorgt, die in diesen Sitzungen besprochen wurden, aber es ist nicht klar, inwiefern diese etwas mit Sozialismus zu tun haben. Ich ging zu der „Welt ohne Grenzen"-Sitzung. Die Sprecherin war Denise Romero, eine der Aktivistinnen der Eröffnungskundgebung. Sie erzählte eine Menge Dinge, für die sie eine Überweisung in eine geschlossene Anstalt verdient hätte. Zum Beispiel behauptete sie: „Kapitalismus versagt, weil er Dinge überproduziert und sie dann nicht verkaufen kann."

Ähm, nein.

Menschen haben buchstäblich ein unbeschränktes Verlangen nach Gütern und Dienstleistungen im Allgemeinen, aber wenn ein bestimmtes Gut oder eine Dienstleistung überproduziert wird, fällt der Preis und Unternehmen passen ihre Produktion entsprechend an.

Ein weiteres Prachtexemplar war ihre Aussage, dass „das nordamerikanische Freihandelsabkommen (Nafta) schlecht ist, weil es Mexikaner ausbeutet". In Wirklichkeit hat Nafta das mexikanische Wirtschaftswachstum gefördert und viele Leute aus der Armut befreit. Das starke mexikanische Wirtschaftswachstum hat eigentlich den Strom an Migration eingedämmt. Während die Migration aus Mexiko in den frühen Tagen von Nafta angestiegen war, sind in jüngster Zeit mehr Mexikaner nach Hause zurückgekehrt, als in die Vereinigten Staaten kamen.[8]

Weder Bob noch ich mögen Grenzen, oder wie er es nennt: „Linien, die Politiker auf Karten malen". Wir beide sind große Fürsprecher des Freihandels. Seit den Zeiten von Adam Smith haben Wirtschaftswissenschaftler verstanden, dass, wenn Güter zwischen Ländern gehandelt werden, es die Menschen auf beiden Seiten der Grenze reicher macht. Dasselbe gilt für freien Kapitalfluss. Und, raten Sie mal, dasselbe gilt für Menschen, die umziehen wollen. Wir glauben, dass Menschen die Freiheit haben sollten, zwischen Ländern hin und her zu ziehen, denn dies kommt sowohl den Migranten als auch den einheimischen Bürgern in den Zielländern zugute.

Überrascht Sie der letzte Teil? Das sollte er nicht. Kapitalismus, womit wir freie Märkte meinen, scheut staatliche Gesetze oder Regulierungen, die verantwortungsvollen Erwachsenen, egal wo sie leben sollten, verbietet, Handel zu treiben.

Wenn ein Arbeiter von Massachusetts oder Ohio nach Texas zieht, um dort zu arbeiten, so wie Bob und ich es getan haben, dann tut er dies, weil er denkt, dass es in seinem Eigeninteresse liegt, und der Arbeitgeber, der ihn einstellt, denkt offensichtlich, dass er der beste verfügbare Kandidat ist. Unsere zugrundeliegenden wirtschaftlichen Entscheidungen unterscheiden sich nicht, wenn der Arbeiter Mexikaner, Somalier oder Indonesier ist.

Ökonomen schätzen, dass, wenn internationale Migrationsbeschränkungen aufgehoben würden, wir massive globale wirtschaftliche Vorteile hätten. Der Ökonom Michael Clemens behauptet, dass der Zuwachs zwischen 50 und 150 Prozent des weltweiten BIP ausmachen würde.[9] Im Durchschnitt bedeutet das eine Verdopplung des globalen Einkommens. Die größten Profiteure wären wohl die Immigranten selbst. Größere globale Migration würde einen massiven Beitrag zur Reduktion der weltweiten Armut leisten – genauso wie es bei der internen Migration in China heute aussieht, so wie wir es in Peking und Shanghai gesehen haben.

Dies mag für Leute, die Fox News schauen, als Überraschung daherkommen, aber einheimische Bürger in Zielländern profitieren ebenfalls. Im Durchschnitt steigen die Einkommen für Einheimische, wenn Migranten einwandern. Natürlich übernehmen manche Einwanderer Arbeitsstellen von manchen der Einheimischen, aber Migration erschafft zum gleichen Zeitpunkt neue Arbeitsstellen, weil Migranten ebenfalls Güter und Dienstleistungen nachfragen. Immigration, genauso wie internationaler Warenhandel, erschafft und zerstört Arbeitsplätze. Der langzeitliche Nettoeffekt der Gesamtzahl an Arbeitsplätzen für Einheimische jedoch ist ein Umschwung. Internationaler Handel, ob bei Arbeit (durch Migration) oder in Gütern (durch Im- und Exporte), verändert die Zusammensetzung von Arbeitsplätzen und macht uns alle produktiver.

Buchstäblich alle konservativen Ängste bezüglich Migration – wie sie unsere Wirtschaft, unsere Arbeitsplätze, unsere Löhne und den Sozialstaat beeinflusst – stehen in keinem Verhältnis zur sozialwissenschaftlichen Forschung von Ökonomen. Ich habe ein gesamtes Buch zu dem Thema herausgebracht. Wie dieses Buch ist es zum Verständnis für normale Leute geschrieben, jedoch ohne all die lustige Sauferei.[10]

Der Großteil der Migration wird durch repressive Regierungspolitik in den Herkunftsländern verursacht. Migranten wandern von ärmeren, weniger freien Ländern in reichere, wirtschaftlich freiere Länder.

Es gibt einen Grund, warum die Boote nicht von Miami nach Havanna fahren.

Es ist in der Tat kein Zufall, dass sozialistische Länder Mauern, Wachtürme und Minenfelder bauen, um ihre Bürger im Land zu halten. Denise Romero vergaß das in ihrer „Welt ohne Grenzen"-Rede bei der sozialistischen Konferenz zu erwähnen. Wir stimmen jedoch mit Denise überein, dass ein Teil der Migration von schlechter amerikanischer Politik verursacht wurde. Sie erklärte: „Das Ende des Krieges gegen die Drogen und des Krieges gegen den Terror wird zu dem Ergebnis führen, dass weniger Menschen auswandern müssen." Dem stimmen wir zu. Der Krieg der amerikanischen Regierung gegen die Drogen kann nicht gewonnen werden, weil, um in der Sprache der Ökonomen zu bleiben, es ein Krieg gegen die Angebotsseite ist, wobei die Nachfrage nicht sonderlich preissensitiv ist.

Das bedeutet im Klartext, dass, wenn die amerikanische Regierung einen „Sieg" in diesem Krieg verbucht, der Preis für die verbliebenen Drogen höher steigt, als der Konsum sinkt. Im Ergebnis steigt der Nettoumsatz der Drogenkartelle, was ihre Fähigkeit steigert, die Strafverfolgung zu korrumpieren und Waffen und andere Schmuggelausrüstung zu kaufen. Das Ergebnis ist ein endloser Zyklus von steigender Gewalt durch die gesamte Wertkette in Zentral- und Südamerika und hat sicherlich dazu geführt, dass manche Menschen aus den gewalttätigsten Gegenden emigriert sind.

Genauso geht es uns mit dem Krieg gegen den Terror. Die Kriege und die Gewalt, die mit dem Nahen Osten in Verbindung stehen, sind der Hauptgrund für die Migrationswelle nach Europa. Unsere Vorbehalte bezüglich des Krieges gegen den Terror und amerikanische Militärinterventionen in Übersee gehen weiter als nur über ihren Effekt auf Migration. Daher sympathisierten wir mit den Punkten, die in den Konferenzsitzungen „Künstler gegen Krieg" (obwohl wir nicht gerade künstlerisch begabt sind) und „US-Imperialismus unter Trump" gemacht wurden. Aber um gegen Krieg zu sein, bedarf es keines Anti-Kapitalismus und Pro-Sozialismus. Man muss nur gegen, naja, Krieg sein.

Tatsächlich können Kapitalismusbefürworter gegen Krieg sein, eben gerade weil Krieg kapitalistische Institutionen und Freiheiten unterminiert. Der mit uns befreundete Ökonom Chris Coyne hat ein Buch mit dem Titel „After War: The Political Economy of Exporting Democracy" geschrieben, in dem er zeigt, dass, wenn die Vereinigten Staaten in ausländische Konflikte eingreifen, dies kaum je die dauerhaften institutionellen Veränderungen hervorbringt, die das unterstützen, was manche eine „neoliberale" Gesellschaft nennen würden.[11]

Der Klassiker „Crisis and Leviathan" von dem Wirtschaftswissenschaftler Robert Higgs zeigt, wie Krisen in den Vereinigten Staaten, insbesondere Kriege, zu einer Ausweitung des Staates auf Kosten des Marktes führen.[12] Chris' jüngstes Buch, „Tyranny Comes Home: The Domestic Fate of U.S. Militarism", mitherausgegeben von einer weiteren Freundin von uns, Abby Hall, zeigte, wie amerikanische Militärinterventionen im Ausland wie ein Bumerang zurück in die Vereinigten Staaten fliegen, auf eine Art und Weise, die unsere Freiheit zu Hause abnehmen lässt.[13] Wie man sehen kann, ist gegen Krieg zu sein keine inhärent linke Position. Kapitalisten sollten ebenfalls gegen Krieg sein. Wir sind gegen Krieg, gegen Grenzmauern und für Freihandel (was die Freiheit der Migration einschließt).

Marktwirtschaftliche Menschen wie wir sind ebenfalls voreingenommen, was die Strafjustiz angeht. Die Konferenzorganisatoren hätten unseren nicht-sozialistischen Kumpel Roger Koppl einladen sollen, eine Rede bei ihrer Sitzung „CSI belügt dich: Pseudo-Wissenschaften in Strafurteilen" zu halten. Rogers Buch „Expert Failure" gehört zu den besten zu diesem Thema.[14]

Wir könnten das fortführen, aber ich glaube, Sie haben das Prinzip verstanden. Die Vereinigten Staaten haben viele Probleme. Zustimmen, dass etwas ein Problem ist, bedeutet aber nicht, dass Sozialismus die Lösung ist. In Wahrheit glauben wir, dass die meisten Probleme, die Sozialisten ansprechen, das Ergebnis von zu viel Staat sind – nicht von zu wenig. Obwohl die Vereinigten Staaten den Großteil ihrer wirtschaftlichen Aktivitäten über Märkte organisieren (zur Erinnerung: Sie liegen auf Platz

elf von Bobs „Index of Economic Freedom"), sind sie von freier Marktwirtschaft und einer kapitalistischen Gesellschaft, wie
Bob und ich sie bevorzugen, weit entfernt. Wir sind der Über-
zeugung, dass eine Beseitigung vieler bestehender Staatsinter-
ventionen und das Zulassen von stärkerem Vertrauen auf Märkte
und freiwilliger Zivilgesellschaft der beste Weg sind, alle großen Probleme unseres Landes anzugehen.

Die sozialistische Konferenz, an der wir in Chicago teilge-
nommen haben, war in keiner Weise ungewöhnlich. Sie war tatsächlich konsistent mit dem größeren sozialistischen Netzwerk,
in dessen Fokus nicht der Sozialismus selbst steht (oder wie er
wirklich ist), sondern Linksliberalismus generell. Die Juli/Au-
gust-Ausgabe 2018 der „Washington Monthly" brachte einen
detaillierten Bericht mit dem Titel: „The Socialist Network:
Are today's young, Bernie-inspired leftist intellectuals really
just New Deal liberals?" („Das sozialistische Netzwerk: Sind
die heutigen jungen, von Bernie inspirierten Linksintellektuel-
len wirklich nur New-Deal-Liberale?"), der prüft, ob die Über-
zeugungen prominenter junger Sozialisten tatsächlich konsistent
mit der Definition von Sozialismus sind.[15]

In einer Rede an der Georgetown University im Herbst
2015 erklärte der selbsternannte Sozialist Bernie Sanders: „Ich
glaube nicht, dass der Staat die Drogerie an der Ecke oder die
Produktionsmittel besitzen sollte, aber ich glaube, dass die Mittelklasse und arbeitende Familien, die den Reichtum Amerikas
erwirtschaften, ein faires Angebot verdienen." Ähm, hallo? Kein
Sozialismus. Sie sehen es auch, oder?

Nathan Robinson, Chefredakteur von „Current Affairs",
schrieb, dass entweder „(1) Bernie Sanders sich über die Definition von Sozialismus nicht im Klaren ist, oder (2) Bernie Sanders sich vollständig im Klaren über die Definition von Sozialismus ist und diesbezüglich lügt" und „Sozialismus das Ende des
Kapitalismus bedeutet. Bernie Sanders will nicht das Ende des
Kapitalismus. Bernie Sanders ist kein Sozialist."

Aber in seinem Interview mit der „Washington Monthly"
gab Nathan Robinson zu: „Ich bin in gewisser Weise zu der

Ansicht übergegangen, dass ‚Sozialismus', das Wort, weniger benutzt werden sollte, um eine staatliche oder kollektivistisch geführte Wirtschaft zu beschreiben und mehr, um eine sehr starke Verpflichtung zu einer bestimmten Reihe an fundamentalen Grundsätzen zu beschreiben. Es sollte benutzt werden, um die Position zu beschreiben, die über vermeidbare wirtschaftliche Verkommenheit entsetzt ist, statt von einem sehr spezifischen und schmalen Weg, das Wirtschaftssystem zu bestimmen."

Währenddessen sagt Fredrik deBoer, im gleichen Magazin, das Robinson herausgibt, dass Sozialisten „in das Modell des Sozialstaats zu verfallen scheinen, ohne wirklich zu wissen, dass wir das tun". Wie von „Washington Monthly" zusammengefasst, argumentiert deBoer, dass „Sozialismus bedeutet, die Wirtschaftssektoren in gemeinschaftliches Eigentum zu überführen – nicht bloß den Sozialstaat auszuweiten, was Sozialdemokratie bedeutet".

Wir haben dieselbe Bandbreite von widersprüchlichen Meinungen bei der Konferenz ebenfalls beobachten können. An meinem letzten Abend dort fragte ich einen jungen Mann an der Bar zu seinem Hartford-Whalers-Hut, den er trug. Er kam von der Niederlassung der International Socialist Organization in New England. Denken Sie daran, dass das die Gruppe ist, die demokratischen Sozialismus mit Kollektiveigentum befürwortet.

Ich fragte ihn, ob die meisten Leute bei der Konferenz wirklich Sozialisten seien – falls dem so sei, glaubten sie an die Abschaffung von Privateigentum und bestünden auf dem Staatseigentum an den Produktionsmitteln. Er antwortete, dass „man nicht über Nacht radikal wird. Man muss irgendwo anfangen."

Er selbst bezeichnete sich als echten Radikalen, der echten Sozialismus wollte. Ich bat ihn darum, ein Land auszuwählen, das seinem idealen System am nächsten kommen würde. Er erklärte mir, dass alle Länder so weit entfernt von dem seien, was er eigentlich wolle, dass es schwer zu sagen sei, aber wenn er gezwungen wäre, zu wählen, „schätze ich mal: ein skandinavisches Land mit einem großen Sozialstaat".

In Ordnung, lasst uns zu der Frage zurückkehren, bei der wir gestartet sind. Warum ist Sozialismus bei Millenials beliebt? Wir glauben, eine signifikante Anzahl von ihnen identifizieren sich als Sozialisten, ohne die definierenden Elemente des Sozialismus zu verstehen – diese sind Staatseigentum über die Produktionsmittel und die Beseitigung von Privateigentum.

Sie definieren Sozialismus als eine etwas radikalere Art von progressiven oder linken Ansichten.

Eine signifikante Anzahl von sozialistischen Führern bei dieser Konferenz jedoch haben Sozialismus in dem Sinne befürwortet, wie wir den Begriff verstehen, und würden die Produktionsmittel vergesellschaften, wenn sie die Chance dazu hätten. Wir befürchten, dass sie Motive der sozialen Gerechtigkeit wie Abtreibung, die Umwelt und Migrantenrechte dazu ausnutzen, um mehr junge Leute in die Herde zu treiben.

Es geht hier um mehr als Semantik.

Sozialistische Führer sehen, dass sie eine Chance bei jungen Menschen haben, wenn sie Sozialismus als Ideologie identifizieren, die für Abtreibung und für Umweltschutz ist. (Er ist sicherlich Ersteres in der Praxis, wenn auch nicht Letzteres, und keines von beiden ist zentral für Sozialismus.) Wenn sie aber junge Menschen davon überzeugen, dass „soziale Gerechtigkeit" und Sozialismus das Gleiche seien, dass wahre Abtreibungsbefürworter, Pro-Migrations- und Umweltschutzaktivisten Sozialisten seien und Privateigentum ablehnen und Kollektivierung oder Staatseigentum an den Produktionsmitteln verinnerlichen sollten, dann ist es wahrscheinlich, dass eine Menge von ihnen dies tun wird.

Das ist ein Schneeballsystem, und die Strategie ist nicht neu.

Die meisten Bauern, die die bolschewistische Revolution unterstützten, wussten nichts von beziehungsweise interessierten sich nicht für Karl Marx; sie wollten bloß Freiheit vom Zaren. Sie hatten keine Ahnung, dass die Bolschewisten später ihre Bauernhöfe kollektivieren, sie verelenden und den Hungertod sterben lassen und nach Sibirien verbannen würden.

Der typische Genosse auf der sozialistischen Konferenz in Chicago war kein böswilliger Idiot, der sich mehr Leid und Tyrannei herbeisehnte. Der typische Genosse dort wollte nur „Sozialismus von unten" oder „demokratischen Sozialismus" oder Linksliberalismus bis zum Maximum.

Aber sie verstehen zwei wichtige Dinge nicht. Zunächst, ob man es nun demokratisch nennt oder nicht, verfehlt Kollektiveigentum die Schaffung mächtiger Anreize und Marktinformationen, die notwendig sind, um wirtschaftlichen Wohlstand zu erreichen. Es ist eine nachweisbare Tatsache, dass sozialistische Systeme unausweichlich zu wirtschaftlicher Stagnation führen und durchschnittliche Menschen viel schlechter dran sind, als sie es unter einem kapitalistischen System wären. Zum zweiten ist Kollektiveigentum und die damit einhergehende Zentralisierung von Macht eine Einladung zur Tyrannei, die von sozialistischen Regimen wieder und wieder akzeptiert wurde, praktisch ohne Ausnahme.

Am Ende neigen wir dazu, einem Punkt von Liz Bruenig, einer jungen Kolumnistin der „Washington Post", zuzustimmen, die kürzlich mit ihrem Artikel „It's Time to Give Socialism a Try" („Es ist an der Zeit, dass wir Sozialismus ausprobieren")[16] Aufmerksamkeit erregt hatte. Nachdem sie eine Menge negative Antworten erhalten hatte, schrieb sie in einer Folgekolumne: „Es ist sinnvoll, Sozialismus auf einem Spektrum zu betrachten, bei dem die Länder und Pole mehr oder weniger sozialistisch sind, statt entweder/oder".[17] Wir sympathisieren mit diesem Punkt. Vollständiger Sozialismus (keine Märkte) und vollständiger Kapitalismus (nur Märkte) sind gegensätzliche Pole auf einem Spektrum. Jedes Land auf der Erde ist irgendwo dazwischen. Tatsächlich hat Bob die meiste Zeit seiner Karriere damit verbracht, einen Index zu erschaffen und zu aktualisieren, der gerade misst, wo auf dem Sozialismus-bis-Kapitalismus-Spektrum sich verschiedene Länder befinden.

Sowohl die Wirtschaftstheorie als auch empirische Beweise deuten darauf hin, dass Länder, die Märkte ausweiten und sozialistische Regulierungen weitgehend vermeiden, es Menschen ermöglichen, reicher, länger, besser und erfüllter zu leben. Und nachdem wir um den Globus getrottet sind, um die Länder zu besuchen, die auf dem Spektrum am nächsten an reinem Sozialismus sind oder waren, können wir zuversichtlich bestätigen, dass Sozialismus eindeutig zum Kotzen ist.

Nachwort

Nachtisch-Getränke
mit Matt Kibbe

Mindestens ein Dutzend Bierdosen bedeckten den Tisch im Studio von BlazeTV, als wir uns hinsetzten, um mit Matt Kibbe zu sprechen. Manche waren ausgefallene IPAs und Pale Ales, wie Matt sie mag, aber es gab auch venezolanische und nordkoreanische Plörre. Matt hatte einen einfachen Plan für unser Interview bei seiner Show: Er wollte mit uns das wirtschaftliche Äquivalent eines Drunk-History-Videos machen. Zunächst hatten wir jedoch eine andere Art Experiment mit ihm vor.

Wir entschieden uns, einen Nachtrag für dieses Buch „live zu schreiben", indem wir Matt interviewten. Wir drei teilen weitestgehend ähnliche wirtschaftliche, philosophische und historische Ansichten, wenn es darum geht, Kapitalismus und Sozialismus zu erklären. Matt ist jedoch kein intellektueller Akademiker wie wir. Er ist ein Freiheitskämpfer, der die politischen Graswurzelschlachten in Grabenkämpfen austrägt.

Matt ist derzeit Präsident und Hauptorganisator der Gesellschaft „Free the People". Davor war er für viele Jahre Gründer und Präsident von FreedomWorks. Unter Matts Führerschaft spielte FreedomWorks eine wichtige Rolle bei der Initiierung und Organisierung der Tea-Party-Bewegung vor einem Jahrzehnt. FreedomWorks war die führende Organisation des Steuerzahler-Marsches nach Washington 2009.

Dies versetzt Matt in eine andere Position als Bob und mich, um Einsicht in die sozialistische Graswurzelbewegung zu erhalten, die die jungen Leute von heute antreibt. Vor einem Jahrzehnt war es die Jugendbewegung für Ron Paul, aus der er die Tea Party machte. Was hat sich für junge Menschen heute verändert?

Ziemlich genau wie das gesamte Buch führten wir dieses Interview aus dem Bauch heraus, indem wir einiges an Bier konsumierten. Daher haben wir das Transkript eingefügt, um es ein bisschen lesbarer zu machen.

Powell: Matt, bitte führe uns zurück zur Präsidentschaftskampagne von 2008 mit Ron Paul in den Vorwahlen und dem Anstoß, den die jungen Leute für etwas gaben, das die Mainstream-Kommentatoren und die Partei der Republikaner wohl „einen verrückten alten Mann", der Freiheit in Worte fasst, nennen würden. Was war mit ihm und seiner Bewegung los, mit der junge Leute sich identifiziert haben? Was hat ihm die Kraft verliehen, sich auf die nationale Bühne zu begeben und das zu starten, was später die Tea-Party-Bewegung wurde?

Kibbe: Zwei Dinge. Zuerst war es seine Authentizität. Damit kann man durchaus seine Probleme haben, weil Ron Paul nicht gerade aussieht wie ein typischer Filmstar. Er ist nicht unbedingt derjenige, der immer die deutlichste Geschichte erzählen kann. Aber er ist echt. Er sprach davon, die Macht der Federal Reserve zu beenden und sich aus endlosen Kriegen von Tag eins an zurückzuziehen. Das war ein Teil davon, glaube ich. Das war ein Teil seines Verkaufsgesprächs. Er ist authentisch, er spricht über Prinzipien.

Der andere Teil ist technisch. Die online gesammelten „Moneybombs" von Ron Paul waren eine der ersten erkennbaren, messbaren, ursprünglichen Aufschreie der Graswurzelbewegung – ein früher Indikator, dass das Establishment von einem aufständischen Außenseiter-Kandidaten herausgefordert wurde, der eine andere Perspektive hatte. Er kam nicht aus der bekannten Republikanischen Partei. Er war etwas anderes. Und da gab es diesen Prozess, bei dem die Technik die Politik ein wenig dezentralisiert und entrechteten Wählern ein wenig Macht verliehen hat. Die Tea Party hat das angenommen und ist damit angetreten und hat damit eine nachhaltige soziale Bewegung erschaffen… vielleicht größer und nicht so sehr abhängig von einer Persönlichkeit wie Ron Paul.

Aber lasst uns zum heutigen Tag vorspulen, und hier kann man dasselbe über Bernie Sanders sagen, man kann dasselbe über Alexandria Ocasio-Cortez sagen, und selbst über Donald Trump, auf andere Art und Weise. Er ist in gewisser Weise ein Popstar-Charakter aus seinen Fernsehshows. Alle diese Kandidaten benutzen Technik. Alle davon, auf ihre je eigene Weise, sind gewissermaßen authentisch.

Powell: Bevor wir jetzt zu weit nach vorne springen und auf die Sozialisten eingehen und was dabei jetzt mitschwingt, erkläre uns, was aus der Bewegung geschah, aus der die Tea Party wurde. Es war diese Graswurzelbewegung, die dezentralisiert wurde und die Republikanische Partei herausgefordert und eine Welle an Kandidaten 2010 gewählt hat. Wo ist sie hin?

Kibbe: Diese Leute sind immer noch da. Und ich sehe die Tea Party – als jemand, der mal vollständig darin involviert war – immer noch als eine der einflussreichsten sozialen Bewegungen meines Lebens, gleich nach der Bürgerrechtsbewegung. Die hatten zentrale Werte. Man hätte 2009 oder 2010 in eine Menschenmenge bei irgendeiner Tea-Party-Versammlung gehen können, und buchstäblich jeder einzelne Aktivist hätte einem erzählt: „Ich bin für individuelle Freiheit, finanzielle Verantwortung und eine verfassungsmäßig beschränkte Regierung." Sie hätten alle das Gleiche gesagt, und diese Werte hielten sie zusammen. Das hat aus ihr so eine starke soziale Bewegung gemacht.

Dann kamen opportunistische Politiker auf die Bühne, und das hat die Partei letztendlich gespalten. Füllt man die National Mall in Washington, D.C. mit Leuten, die potentielle Wähler repräsentieren, werden Politiker davon angezogen, ein wenig wie Fliegen von… Fliegenfängern. Ihr habt gedacht, ich würde etwas anderes sagen, stimmt's? Na gut, also wie Fliegen von Scheiße. Plötzlich ist die Gemeinschaft von ihren Prinzipien abgewichen und hat an politische Gewinne gedacht. Politik spaltet Leute, und Donald Trumps Kandidatur war erfolgreich darin, die einst mächtige Tea Party ein für alle Mal zu zerbrechen. Aber Politik findet an den Rändern statt, und viele Ränder führen zu großen Unterschieden im Ergebnis. Diese freiheitlich gestimmten Aktivisten, zumindest die aus der Ron-Paul-Bewegung, die Libertären und die konstitutionell Konservativen sind immer noch da, nur repräsentieren sie keine geschlossene soziale Bewegung mehr, die politische Entscheidungen auf die gleiche Art und Weise beeinflusst, wie sie das 2010 getan haben.

Lawson: Könntest du ein paar Gemeinsamkeiten aufzeigen zwischen der sozialistischen Bewegung um Bernie und AOC (Alexandria Ocasio-Cortez) heute und dem, was du gesehen hast, als du die Ron-Paul-Bewegung beobachtet hast? Und könntest du außerdem prognostizieren, wie es für diese soziale Bewegung ausgehen wird? Wird die sozialistische Bewegung für sie besser oder schlechter funktionieren, als es die Tea-Party-Bewegung für ihre Teilnehmer getan hat?

Kibbe: Einige meiner Ron-Paul-Freunde werden darüber sauer werden, aber ich vergleiche Bernie Sanders häufig mit Ron Paul, weil sie eine ähnliche Persönlichkeit haben. Zum einen bezüglich ihrer Authentizität, sie reden seit dem ersten Tag über die gleichen Dinge. Ron Paul war immer dieser verschrobene Antikriegslibertäre und Bernie Sanders immer dieser verschrobene, unabhängige Sozialist. Beide schimpften sowohl über die Demokraten als auch über die Republikaner. Ich glaube, dass ein Teil ihrer Anziehung ihre Konsistenz ausmacht, weil die Leute müde werden, Politikern zuzuhören, die immer das antworten, was man hören will.

Aber lasst mich etwas tiefer bohren. Wenn Bernie gegen Vetternwirtschaft schimpft oder gegen andauernde Kriege oder gegen den Überwachungsstaat oder gegen das Strafjustizsystem, das unsere Gefängnisse überquellen lässt, könnte Ron Paul genau die gleiche Rede halten. Und es ist erst das Ende vom Lied, wenn Bernie dann sagt: „deshalb müssen wir die Regierung vergrößern und Bürokraten mehr Macht geben", so dass die Menschen einen Unterschied hören. Das ist Bernies kognitive Dissonanz: gegen das Böse zu schimpfen, das durch zu viel Staatsmacht erschaffen wurde, und dann die Lösung des Problems in noch mehr Staatsmacht zu finden.

Powell: Du findest, es gibt eine Gemeinsamkeit zwischen radikalen Sozialisten und radikalen Libertären bei der Identifizierung von Problemen, die die jungen Leute sehen. Bedeutet das, dass die jungen Leute die Lösungen nicht verstehen und sich nur mit den Politikern identifizieren, die auf die Probleme hinweisen?

Kibbe: Konservative nutzen diese Phrase, die ich gar nicht mag: „Wähler mit geringer Information". Und ich mag diesen Begriff nicht, weil er in gewisser Weise abwertend ist. Ich glaube, dass wir alle, mich eingeschlossen, Wähler mit geringer Information sind.

Es gibt so vieles, das man nicht weiß und nicht wissen kann bezüglich dessen, was die Regierung tut, bezüglich dessen, was Politiker wirklich denken. Demzufolge gehen „We the People", in dem Ausmaß, in dem wir etwas Beachtung schenken, nur wenig in die Tiefe. In der Praxis mag man vielleicht der Politik des Präsidenten ein wenig Beachtung schenken, und wenn Bernie dann gegen diesen Unmenschen wettert und man mit dem Kopf nickt und meint: „Ja, das habe ich verstanden!", ist man nicht so sehr auf den Vergleich von Wirtschaftssystemen fokussiert oder die Art von Kosten-Nutzen-Kalkulation, die Wirtschaftswissenschaftler nutzen.

Ich glaube, wenn man sich Bernies Wirkung anguckt, dann geht es um diesen Anti-Establishment-Kampf, den „Kampf gegen die Maschinerie". Ich glaube, wir waren wahrscheinlich zu optimistisch, was die Ron-Paul-Bewegung angeht. Wir dachten, dass sie von Menschen, die sich selbst als Libertäre identifizieren, erschaffen wurde, die alles über Eigentumsrechte und die Bedeutung der Einschränkung von Staatsmacht wussten. Aber spulen wir ins Jahr 2016 vor, zu Rand Pauls Präsidentschaftskandidatur. Rand hat die Hälfte der Ron-Paul-Koalition an Trump verloren. Gegen die Maschinerie zu sein, kann also populistisch sein, es könnte libertär sein, aber es könnte auch sozialistisch sein. Ich denke, dass es Teil unserer Aufgabe sein wird, die Lücken zu füllen und aufzuzeigen, dass, wenn man nicht mag, wie sich die Dinge entwickelt haben und wie viel

Schaden die Machthaber Washingtons angerichtet haben, das, was man eigentlich sagen will, ist, dass man nicht will, dass die Regierung zu viel Kontrolle über das eigene Leben hat.

Lawson: Was wirklich bemerkenswert war, als wir junge Leute bei der großen Sozialistenkonferenz in Chicago interviewt haben, war, wie wenige Sozialisten dort waren. Ich bin zu irgendeiner zufällig ausgewählten Person gegangen und habe sie gefragt „Warum sind Sie Sozialist?", und sie antwortete: „Ich bin für Abtreibungsrechte." Abtreibung ist ein wichtiger Punkt, aber für mich ist nicht ganz klar, inwiefern das mit Sozialismus einhergeht. Es gab dort Leute, die aus zahlreichen Umweltgründen, wegen Migrantenrechten und anderen „progressiven" Gründen dort waren. Aus irgendeinem Grund stand das für die Anwesenden bei der Konferenz alles unter dem Banner des Sozialismus. Hast du das bei der Ron-Paul-Bewegung gesehen? Leute, die sich als Libertäre identifizieren, aber eigentlich nur da waren, weil sie Waffen mögen oder gerne kiffen? Hast du diese Menschen mit Einzelinteressen gesehen, die nicht in der Lage waren, ihr Einzelinteresse zu einer übergreifenden Philosophie zu erweitern?

Kibbe: Es gibt eine ganze Liste von Punkten, bei denen eine libertäre oder konservative Koalition nicht einer Meinung wäre, aber es gibt einen Unterschied zwischen ihnen und der Art Uneinigkeit der progressiv-demokratisch-sozialistischen Koalition. Es gab Kernbereiche, auf die sich die Tea-Party-Koalition geeinigt hatte: verfassungsrechtliche Beschränkung der Regierung, individuelle Freiheit, finanzielle Verantwortung. Im Übrigen sind diese Ideale in der Politik gerade unbesetzt. Ich sehe nicht, dass irgendeine Partei das gerade noch nach vorn bringt. Vielleicht besteht hier eine unternehmerische Gelegenheit?

Die progressive Koalition war immer eine Sammlung von Missständen und Identitätssilos, und sie versucht, alle Bereiche abzudecken, aber es ist bei weitem nicht klar, dass sie überhaupt genügend gemeinsame Interessen besitzt, die sie als Gemeinschaft verbinden. Das ist einer der Gründe, warum ich nicht in

Panik verfalle, wenn junge Leute sich unter dem Banner des Sozialismus versammeln. Ich bin mir nicht sicher, dass das Wort „Sozialismus" für sie das bedeutet, woran du und ich denken, wenn wir über Staatseigentum an den Produktionsmitteln nachdenken.

Powell: Es fühlt sich an, als ob junge Leute sich mit Sozialismus auf die gleiche Art und Weise identifizieren, wie sie das vor einem Jahrzehnt mit Libertarismus getan haben. Wie können wir den Spieß umdrehen und den jungen Leuten die Werte der Freiheit zeigen, warum sie ihnen etwas bedeuten sollten und warum sie beim Libertarismus aufs Ganze gehen sollten und nicht nur auf ein Einzelproblem hier und dort?

Kibbe: Ich glaube, wir sollten uns eine Scheibe von Ron Paul, Bernie Sanders und, am wichtigsten, vom neuen „It-Girl" in der sozialistischen Politik, Alexandria Ocasio-Cortez, abschneiden. Sie hatte dieses virale Video, das ihrer Karriere den Weg geebnet hat. Man sieht es, und sie redet über Würde, und sie redet darüber, wie es ist, dass ihr Kontrahent dieser Amtsinhaber auf Lebenszeit der Demokraten ist, der mehr mit der Wall Street kuschelt, statt für „unsere Gemeinschaft" da zu sein. Er lebt in Washington, er repräsentiert unsere Werte nicht, und er bedient die kapitalistische Vetternwirtschaft. Er ist Teil dieser Maschinerie an einem weit entfernten Ort. Er ist nicht wie wir. Woran Ocasio-Cortez glaubt, zumindest nach dem, wie sie in diesem erfolgreichen Video rüberkommt, ist etwas wie Menschen, die miteinander arbeiten, miteinander kooperieren, versuchen, Probleme auf Gemeinschaftsebene zu lösen, von unten nach oben. Und das ist, laut ihr, die Art, wie wir aus unserer Welt einen besseren Ort machen werden. Und dann, ganz am Ende, schmuggelt sie ihre wahre Agenda hinein: Deshalb brauchen wir medizinische Versorgung für alle, und deshalb müssen wir dieses, jenes und noch anderes verstaatlichen.

Aber das kommt rüber wie ein Nachgedanke, nicht wie die Politik oder ein ideologisches Verkaufsgespräch. Es ist ein emotionaler, populistischer Appell an Leute, die dem System nicht mehr vertrauen. Und wenn ich das dann ganz am Ende höre, denke ich nur so: „Verdammt noch mal, ja, ich bin dabei!" Ich verstehe vollkommen, dass das ein emotionaler Appell ist, aber wir können davon lernen. Was wir tun müssen, ist, den Kampf gegen die Maschinerie anzutreten. Die Maschinerie ist zum Kotzen. Die Maschinerie steckt mit Insidern und reichen Kooperationen unter einer Decke und spielt das System gegen den Rest von uns aus. Das haben wir mit ihr (Ocasio-Cortez) absolut gemeinsam. Was uns von ihr unterscheidet, ist, dass wir eine wunderschöne Geschichte über Kooperation haben. Erinnert ihr euch an das, was ich eben beschrieben habe, über Gemeinschaften, die arbeiten, um sich gegenseitig zu helfen? Das ist nicht der Sozialismus, dieses Von-unten-nach-oben-System, das an unsere Hoffnungen und Träume appelliert, sondern der freie Markt. Das, auch wenn ich dieses Wort nicht mag, ist das kapitalistische System.

Powell: Das freiwillige System.

Kibbe: Das freiwillige System. Wir müssen uns noch einen Weg ausdenken, um zu beschreiben, worüber wir reden. Nicht auf die Art brutaler Wirtschaftswissenschaften mit Kosten und Profiten, Angebot und Nachfrage, sondern mit dem persönlichen Streben der Leute, frei zu sein und geile Sachen zu machen. Das ist übrigens auch der Grund, warum ich in meiner Sendung so viel über Bier rede. Gutes Bier ist das Produkt eines freien Marktes, unternehmerische Innovation, und so was passiert einfach nicht, wenn Menschen nicht die Freiheit der Wahl haben und riskieren, erschaffen und auch scheitern. Ich benutze diese Metapher einfach, weil ich glaube, dass die Leute, die glauben, dass Bier cool ist, wahrscheinlich nicht die akademischen Fachzeitschriften lesen, in denen ihr veröffentlicht.

Lawson: Genau deshalb haben wir ja dieses Buch geschrieben. Weil wir verstanden haben, dass die Leute unsere Fachzeitschriften nicht lesen. Deshalb haben wir gedacht, wir schreiben lieber etwas, das Leute lesen werden und daran Spaß haben.

Powell: Und lasst uns alle, mit den Worten Milton Friedmans, die „Freiheit, zu saufen"!

Kibbe: Freiheit, zu saufen. Freiheit dem Bier. Bier ist Freiheit. Lasst uns hier ein Ende machen, bevor es zu sauflastig wird. Prost!

Anhang

Literaturhinweise

Wir hatten beim Reisen, Forschen und Schreiben dieses Buchs viel Spaß. Wir hoffen, Sie haben das Lesen genossen, aber wir hoffen auch, dass Sie etwas gelernt haben. Obwohl wir versucht haben, das Buch auf unterhaltsame Weise zu schreiben, ist das Thema todernst. Mangelndes Verständnis der wirtschaftlichen und politischen Konsequenzen durch das Annehmen eines sozialistischen Wirtschaftssystems hat über das letzte Jahrhundert Millionen von Leben ruiniert, und wenn ähnliche Missverständnisse heutzutage nicht ausgeräumt werden, könnten weitere Millionen Menschenleben ruiniert werden.

Dieses Buch ist unser kleiner Beitrag dabei, zu helfen, ein besseres Verständnis der wirtschaftlichen, politischen und menschlichen Konsequenzen von Sozialismus zu verbreiten. Da wir versucht haben, Sozialwissenschaften und Geschichte ein wenig herunterzuspielen und die alltäglichen Bierpreiseffekte des Sozialismus hervorgehoben haben, möchten vielleicht einige Leser die Sozialwissenschaften und die Geschichte für sich selbst erforschen. Hier sind ein paar unserer Empfehlungen.

Ludwig von Mises hat mit seinem Artikel „Die Wirtschaftsrechnung im sozialistischen Gemeinwesen" 1920 gestartet, was als die „Debatte über die Wirtschaftsrechnung im Sozialismus" bekannt wurde. In Kapitel 3 haben wir eine sehr kurze Zusammenfassung seines Arguments wiedergegeben. Sein Originalartikel ist einer der wichtigsten Wirtschaftsartikel, die im 20. Jahrhundert geschrieben wurden, und ist sowohl sehr lesenswert als auch kostenlos online verfügbar. Falls Sie seine gesamte Argumentation verfolgen möchten, können Sie sein längeres Buch „Die Gemeinwirtschaft" ausprobieren, das ein paar Jahre später herauskam.

Friedrich A. von Hayek war ein Schüler von Ludwig von Mises und hat ebenfalls ziemlich gute Artikel über die Debatte der Wirtschaftsrechnung im Sozialismus geschrieben. Sie sind in seinem Buch „Individualismus und wirtschaftliche Ordnung" zusammengefasst. Dieses Buch ist etwas schwieriger als das von Mises, aber immer noch zugänglich. Außerdem empfehlen wir sehr Hayeks „Weg zur Knechtschaft". Darin erklärt er, warum wirtschaftliche Freiheit notwendig ist, um bedeutsame politische Freiheit zu erhalten. Es ist ein berühmtes Buch, und sogar der „Reader's Digest" hat eine Kurzversion davon herausgegeben. Wir würden uns wünschen, dass alle „demokratischen" Sozialisten es lesen würden.

Peter Boettke ist unser Lieblingsökonom, um zu verstehen, wie die Wirtschaft der Sowjetunion (nicht) funktioniert hat. Wir empfehlen seine Werke „The Political Economy of Soviet Socialism" und „Why Perestroika Failed". Beides sind akademische Bücher, aber trotzdem sehr gut lesbar.

In Kapitel 5 haben wir Frank Dikötters Buch „Maos großer Hunger: Massenmord und Menschenexperiment in China" erwähnt. Es ist ausgezeichnet. Bis die Archive der Kommunistischen Partei in Peking vollständig geöffnet sind, ist es wahrscheinlich die genaueste Buchführung über die Opferzahlen.

Da wir gerade von Opferzahlen sprechen, empfehlen wir ebenfalls „Das Schwarzbuch des Kommunismus" von Stéphane Courtois und anderen. Es rechnet Land für Land mit den Gräueltaten dieser Regime ab. Außerdem empfehlen wir R. J. Rummels „Death by Government: Genocide and Mass Murder Since 1900". Sollten Sie danach suchen, er hat außerdem eine Webseite mit einer Menge kostenlos verfügbarer Informationen. Alle Opferzahlen beinhalten etwas Spekulation, und es gibt unterschiedliche Arten, wie Historiker die Sachlage klassifizieren, daher unterscheiden sich die Zahlen untereinander. In diesen Quellen werden Sie jedoch ein angemessenes Gefühl für die Größenordnung der Gräueltaten bekommen, die Regierungen, insbesondere sozialistische Regierungen, begangen haben.

Wir erwähnen im gesamten Text öfters Bücher. Es ist jetzt nicht sinnvoll, hier alle aufzuzählen, dennoch wären wir nachlässig, um nicht Schlimmeres zu sagen, würden wir an dieser Stelle nicht auf die Jahresberichte „Economic Freedom of the

World" eingehen, die Bob mitherausgibt. Wir haben an vielen Stellen des Buches darauf hingewiesen. Es ist der beste Startpunkt, um herauszufinden, auf welchem Punkt des Spektrums zwischen Kapitalismus und Sozialismus ein Land liegt. Die Berichte sind kostenlos online verfügbar unter https://www.fraser-institute.org/studies/economic-freedom, und es gibt eine interaktive Karte. Sie können alle der buchstäblich Hunderten von wissenschaftlichen Arbeiten nachschlagen, die den Index benutzen und herausgefunden haben, wie größere wirtschaftliche Freiheit die Lebensqualität verbessert (oder anders ausgedrückt, inwiefern sozialistischere Länder zum Kotzen sind).

Wir würden Ihnen ein Buch über Bier empfehlen, aber im Gegensatz zum Sozialismus ist der Konsum des Produktes besser, als darüber zu lesen. Prost!

Danksagungen

Die Textnachricht von Bob las sich folgendermaßen: „Habe Idee für ein Buch. Kombiniert unsere Lieblingshobbys. Bin jetzt im Flugzeug. Trinke. Ruf dich später an." Daher geht unser erster Dank an die wundervolle Kombination aus zwei Kohlenstoff-, sechs Wasserstoff- und einem Sauerstoffatom, die Bens Kreativität auf einem langen Flug angetrieben hat. Auf diese und viele andere Art und Weisen sei gesagt, dass dieses Buch ohne Alkohol nicht möglich gewesen wäre.

Im Zuge des Schreibens dieses Buches umfasste unsere Reise vier Kontinente zwischen Mai 2016 und Juli 2018. Wir schulden einer Menge Leute unseren Dank für die Hilfe, die sie uns im Zuge dieser Reisen zur Verfügung gestellt haben. Li Schoolland, Ian Vásquez, Daniel Raisbeck, Andrei Illarionow, Larissa Burakowa und Junjie Ma haben uns alle dabei geholfen, wertvolle Verbindungen in den Ländern, die wir besucht haben, herzustellen. Wir danken Julian Villabona und Dean Peng dafür, dass sie sich unseren Reisen angeschlossen und für uns übersetzt haben, sowie dafür, dass sie uns aus ernsthaften Schwierigkeiten herausgehalten haben, als wir für die Kapitel über Venezuela und Nordkorea geforscht haben. Ein spezieller Dank geht an die New Economic School und Paata Scheschelidse und Gia Jandieri dafür, dass sie so großartige Gastgeber in Georgien waren und an Gias Tante, weil sie für uns ein Supra gegeben hat. Wir danken Natalia Melnik und dem Bendukidze Free Market Center in Kiew dafür, dass sie uns bei ihrer Konferenz haben auftreten lassen, und dem Unirule Institute für unseren Auftritt bei seiner Konferenz in Peking. Wir danken José Torra und Marshall Stocker für wertvolle Reisehinweise und im Fall Marshall dafür, dass er sich mit uns zum Trinken in Moskau getroffen hat. Da wir gerade vom Trinken reden: Vielen Dank an die MBA-Studenten der Southern Methodist University, die uns einen Haufen Shots in Shanghai ausgegeben haben, und an Cathy, eine Flugbegleiterin von American Airlines, die sich von einem Business-klasse-Flug nach Asien an uns erinnert hatte und uns nicht auf dem Trockenen sitzen ließ, als wir in der Proletariatsklasse von Europa aus nach Hause flogen. Wir haben bei einer Menge von Diskussionen in Interviews oder Kneipen durch Dutzende Leute profitiert, während wir diese Länder besuchten, und sind dankbar für die Einsichten, die sie uns zur Verfügung gestellt haben.

Auch wenn wir schon vorher Bücher geschrieben haben, hat noch keiner von uns versucht, ein Buch wie dieses zu schreiben. Wir wussten, dass wir in der Lage sind, ein ernstes Thema mit Einsichten aus Wirtschaft und Geschichte wiederzugeben, aber wir waren unsicher, dass wir das auch konnten, indem wir ebenfalls unsere Reiseerfahrungen aus erster Hand integrieren und dabei hoffentlich unsere Leser unterhalten. Daher sind wir nach Kuba gereist und haben das als Testkapitel zusammengeschrieben. Wir stehen in tiefer Schuld bei einer Anzahl an unseren nicht-akademischen Freunden, die frühe Versionen des Entwurfs dieses Kapitels und anderer gelesen haben und wertvolles Feedback gegeben haben, sowie, was noch wichtiger ist, Ermutigung, dass wir auf der richtigen Spur waren. Danke an Mat Leger, Jeff Levis, D. J. Deeb, Michael Caplan, Kevin Knox, Michael Hunter, Paul Goins, James Bryan und Dr. Scott Jones.

Außerdem hat Ben das Material in öffentlichen Vorträgen ausprobiert, während das Manuskript noch in verschiedenen Stadien der Entwicklung war, wie dem Haverhill Lions Club, der Pheasant Ridge Winery, The Infinite Banking Concept und bei einem Seminar für Highschool-Schüler (bei Letzteren wurden einige der Trinkgeschichten ausgelassen), und wir danken den Teilnehmern für ihr Interesse und ihre Ermutigung, mit dem Projekt weiterzumachen.

Ben möchte ebenfalls seinem Vater, Eric, danken, der ein begieriger Leser und Trinker war. Er hat Ben sowohl das Trinken als auch die Kontaktaufnahme in Kneipen gelehrt. Bei dem Versuch, unseren Stil für unser Zielpublikum richtig hinzubekommen, hat Ben oft überlegt, ob sein Vater sich dieses Buch gekauft hätte. Danke für die Hilfe. Prost!

Außerdem haben wir durch Feedback von unseren akademischen Kollegen profitiert. Danke an die Fakultät, die Mitarbeiter, die Studenten und Unterstützer im O'Neil Center der Southern Methodist University und dem Free Market Institute der Texas Tech für all Eure Unterstützung, während wir an diesem Projekt gearbeitet haben. In diesem Fall gebührt ein besonderer Dank Daniel Serralde, der uns in Miami und Chicago begleitet hat. Wir danken den Seminarteilnehmern der Universidad Francisco Marroquín, dem Friedberg Economics Institute und dem American Institute for Economic Research für das Feedback zum Manuskript.

Wir schulden Peter Boettke und dem Mercatus Center der George Mason University einen verhältnismäßig großen Anteil an Dankbarkeit. Pete und seine Kolleginnen Mackenzie Robey und Stefanie Haeffele haben es arrangiert, dass ein Dutzend Stipendiaten den Entwurf unseres Manuskripts im Mai 2018 gelesen und einen Tag damit verbracht haben, uns mit Vorschlägen zur Verbesserung des Buches fertigzumachen. Es war eine wertvolle und demütigende Erfahrung. Wir danken Peter Boettke, Donald Boudreaux, Bryan Caplan, Veronique de Rugy, Brian Doherty, Bobbi Herzberg, Terence Kealey, Matt Kibbe, Tom Palmer und Sarah Skwire für ihre Teilnahme und ihr Feedback. Das Manuskript wurde durch ihre Vorschläge wesentlich verbessert. Matt und Bryans Vorschlag, das Buch am Ende, zurück in den USA, in die sozialistische Konferenz einzubetten, war besonders wertvoll.

Wir danken Bobs Frau, Tracy Lawson, eine fähige Autorin und professionelle Lektorin, für die Korrektur unseres Manuskripts, wobei sie es geschafft hat, uns immer noch unser eigenes (unvollkommenes) Selbst sein zu lassen. Außerdem danken wir Estefanía Luján Padilla, dass sie uns geholfen hat, das Manuskript für Regnery vorzubereiten. Tom Woods und Matt Kibbe haben unbezahlbare Ratschläge und Unterstützung geliefert, als wir versucht haben, bei einem bekannten Verlag unterzukomen. Wir könnten nicht zufriedener sein, als mit Regnery zusammenzuarbeiten. Wir danken Harry Crocker und Kathleen Curran für ihre vorsichtigen Bearbeitungen, die beide das Manuskript verbessert haben und uns wahrscheinlich aus Schwierigkeiten herausgehalten haben, weil wir zu anstößig waren.

Anmerkungen

Einleitung

1. James Buchanan, „Economics and Its Scientific Neighbors", in: „The Collected Works of James Buchanan", Vol. 17, „Moral Science and Moral Order" (Indianapolis: Liberty Fund, 2001), 7.

2. Institute of Politics at Harvard University, „Survey of Young Americans' Attitudes toward Politics and Public Service", Harvard University, http://iop.harvard.edu/sites/default/files/content/160423_Harvard%20IOP_Spring%202016_TOPLINE_u.pdf.

3. Bradford Richardson, „Millenials would rather live in socialist or communist nation than under capitalism: Poll", „Washington Times", 4. November 2017, https://m.washingtontimes.com/news/2017/nov/4/majority-millenials-want-live-socialist-fascist-o/.

4. „Young Democratic Socialists of America", YDSA, http://www.ydsusa.org/fall_drive.

5. Alex Thompson und Diamond Naga Siu, „Socialism is surging on college campuses", „Vice News", 27. Oktober 2017, https://news.vice.com/en_ca/article/mb9p44/socialism-is-surging-on-college-campuses-this-fall.

6. „Red Century", in „Opinion Section", „New York Times", https://www.nytimes.com/column/red-century.

7. „The first Democratic debate: full rush transcript", CBS News, 13. Oktober 2015, https://www.cbsnews.com/news/the-first-democratic-debate-full-rush-transcript/.

8. Joshua Hall und Robert Lawson, „Economic Freedom of the World: An Accounting of the Literature", „Contemporary Economic Policy" 32, Nr. 1 (2014): 1-19, https://doi.org/10.1111/coep.12010.

9. Johan Norberg, „How Laissez-Faire Made Sweden Rich", Libertarianism.org, 25. Okober 2013, https://www.liberari-

anism.org/publications/essays/how-laissez-faire-made-sweden-rich.

Kapitel 1

1. Wir schreiben „nahezu", weil das Center for Participant Education, eine Studentenorganisation von Bobs Alma Mater, der Florida State University, ein Programm unterhielt, das die Tugenden des „demokratischen Nordkoreas" anpries. Siehe https://archive.org/details/ralphieleaks_gmail_CPE5.
2. Valley News Editorial Board, „Close The Gaps: Disparities That Threaten America", Bernie Sanders' Senat-Webseite, 5. August 2011, https://www.sanders.senate.gov/newsroom/must-read/close-the-gaps-disparities-that-threaten-america.
3. David Sirota, „Hugo Chavez's economic miracle", „Salon", 6. März 2013, http://www.salon.com/2013/03/06/hugo_chavezs_economic_miracle/.
4. Nordkorea und Kuba werden nicht bewertet. Die neuesten Bewertungen der wirtschaftlichen Freiheit sind online verfügbar unter: https://www.fraserinstitute.org/economic-freedom.
5. Adam Smith, „Der Wohlstand der Nationen" (New York: Modern Library, 1937 [1776]), 423.
6. Sabrina Martin, „Venezuelan Regime Threatens to Expropriate Bakeries, Jeopardizing Bread", „PanAm Post", 13. März 2017, https://panampost.com/sabrina-martin/2017/03/13/venezuela-regime-threatens-expropriate-bakeries-jeopardizing-bread/.
7. Tim Worstall, „Congratulations to Bolivarian Socialism: Venezuela is Now The Country with No Beer", „Forbes", 30. April 2016, https://www.forbes.com/sites/timworstall/2016/04/30/congratulations-to-bolivarian-socialism-venezuela-country-with-no-beer/#53de85c51e53.
8. John Otis, „Venezuela Is Running Out of Beer Amid Severe Economic Crisis", National Public Radio, 31. Mai 2016, https://www.npr.org/sections/thesalt/2016/05/31/480126445/

venezuela-is-running-out-of-beer-amid-severe-econo-mic-crisis.

9. Vivian Sequera, „Venezuelans report big weight losses in 2017 as hunger hits", Reuters, 21. Februar 2018, https://www.reuters.com/article/us-venezuela-food/venezuelans-report-big-weight-losses-in-2017-as-hunger-hits-idUSK-CN1G52HA.

10. Jeffrey Tayler, „Oliver Stone's Disgraceful Tribute to Hugo Chávez", „Foreign Policy", 13. Mai 2014, https://foreignpolicy.com/2014/05/13/oliver-stones-disgraceful-tribute-to-hugo-chavez/.

11. Antonio Maria Delgado, „In Venezuela, inflation quadruples to 18,000 percent in two months, with no end in sight", „Miami Herald", 2. Mai 2018, http://www.miamiherald.com/news/nation-world/world/americas/venezuela/article210282264.html.

12. William Neuman und Nicholas Casey, „Venezuela Election Won By Maduro Amid Widespread Disillusionment", „New York Times", 20. Mai 2018, https://www.nytimes.com/2018/05/20/world/americas/venezuela-election.html.

13. Friedrich August von Hayek, „The Road to Serfdom" (Chicago: University of Chicago Press, 1944), 69-70.

14. Milton Friedman, „Capitalism and Freedom" (Chicago: University of Chicago Press, 1962), 9.

15. Alexandra Ulmer, „Phone Calls, Dismissal Threats: Venezuela Pressures State Workers to Vote", Reuters, https://mobile.reuters.com/article/amp/idUSKBN1AE08P.

Kapitel 2

1. Der kommerzielle Flugverkehr von den Vereinigten Staaten nach Kuba wurde am 31. August 2016 wiederhergestellt.

2. Ashley Cowburn, „Cubans facing Beer Shortage As Thirsty American Tourists Put Island's Main Brewery Under Strain", „The Independent", 10. April 2016, https://www.independent.co.uk/news/world/americas/cubans-facing-beer-shorta-

ge-as-american-tourist-influx-puts-island-s-main-brewery-under-strain-a6977156.html.
3. Obwohl die Nationalsozialisten in Deutschland und die Faschisten in Italien keine marxistischen Sozialisten waren, waren ihre Ideologien explizit sozialistisch.
4. Salim Lamrani, „Cuba's Health Care System: A Model For the World", „HuffPost", 8. August 2014, https://www. huffingtonpost.com/salim-lamrani/cubas-health-care-system-_b_5649968.hml.
5. Gilbert Berdine, Vincent Geloso und Benjamin Powell, „Cuban Longevity: Health Care or Repression?", „Health Policy and Planning" 33, Nr. 6 (2018): 755-57.
6. Peter T. Leeson, Russell S. Sobel und Andrea M. Dean, „Comparing the spread of capitalism and democracy", „Economics Letters" 114, Nr. 1 (2012): 139-41.

Kapitel 3
1. Rainer Dormels, „Profiles of the Cities of DPR Korea-Sinuiju", in „North Korea's Cities: Industrial Facilities, Internal Structures and Typification", Jimoondang, (2014): 119, https://koreanologie.univie.ac.at/fileadmin/user_upload/p_koreanologie/North_Korean_Cities/Sinuiju/Sinuiju.pdf.
2. Stéphane Courtois, Nicolas Werth, Jean-Louis Panne, Andrzej Paczkowski, Karel Bartosek, Jean-Louis Margolin, „The Black Book of Communism: Crimes, Terror, Repression" (Cambridge: Harvard University Press, 1999), 561.
3. Yeonmi Park, „Mut zur Freiheit: Meine Flucht aus Nordkorea" (New York: Penguin, 2016).
4. Michael Seth, „A Concise History of Modern Korea: From the Late Nineteenth Century to the Present" (New York: Rowman & Littlefield, 2009), 119.
5. Seth, „A Concise History of Modern Korea", 119, 121.
6. „Seoul", Wikipedia, https://en.wikipedia.org/wiki/Seoul.
7. „South Korea", Weltbank, http://databank.worldbank.org/data/home.aspx.

8. „North Korea", „The World Factbook", Central Intelligence Agency, https://www.cia.gov/library/publications/the-world-factbook/geos/kn.html.
9. Park, „In Order to Live", 129-30.

Kapitel 4

1. Frank Dikötter, „Mao's Great Famine: The History of China's Most Devastating Catastrophe, 1958-1962" (New York: Bloomsbury, 2011), xii-xiii.
2. Matt Kibbe, „China's Socialist God", Free the People, 19. März 2018, https://freethepeople.org/chinas-socialist-god/.
3. Zitiert aus Dikötter, „Mao's Great Famine", 70.
4. Bradley Gardner, „China's Great Migration: How the Poor Built a Prosperous Nation" (Oakland: Independent Institute, 2017), 39.
5. Tom Phillips, „The Cultural Revolution: all you need to know about China's political convulsion", „Guardian", 10. Mai 2016, https://www.theguardian.com/world/2016/may/11/the-cultural-revolution-50-years-on-all-you-need-to-know-about-chinas-political-convulsion.
6. Valerie Strauss und Daniel Southerl, „How Many Died? New Evidence Suggests Far Higher Numbers for the Victims of Mao Zedong's Era", „Washington Post", 17. Juli 1994, https://www.washingtonpost.com/archive/politics/1994/07/17/how-many-died-new-evidence-suggests-far-higher-numbers-for-the-victims-of-mao-zedongs-era/01044df5-03dd-49f4-a453-a033c5287bce/?utm_term=.fc4752f76617.
7. Gardner, „China's Great Migration", 21, 15.
8. Ebenda, 40.
9. Ebenda, 2.
10. Jun Mai, „Liberal economics think tank Unirule locked out of its office for ‚security reasons' ahead of forum", „South China Morning Post", 13. Mai 2017, https://www.scmp.com/news/china/policies-politics/article/2094217/liberal-economics-think-tank-unirule-locked-out-its.

11. Chris Buckley, „In Beijing, Doors Shut on a Bastion of Independent Ideas", „New York Times", 11. Juli 2018, https://www.nytimes.com/2018/07/11/world/asia/china-unirule-institute.html#click=https://t.co/aVzwOKABD.
12. Buckley, „In Beijing, Doors Shut on a Bastion of Independent Ideas".
13. Nectar Gan, „Chinese government pressured property agent into welding iron gates to liberal think tank office doors, penning in workers, director says", „South China Morning Post", 12. Juli 2018, https://scmp.com/news/china/policies-politics/article/215872/chinese-liberal-think-tank-blames-government-after?amp=1.

Kapitel 5

1. Courtois et al., „Black Book of Communism", 78.
2. Ebenda, 98.
3. Ebenda, 99.
4. Ebenda, 102.
5. Ebenda, 121.
6. Bryan Caplan, „Lenin the Prohibitionist", The Library of Economics and Liberty, 14. Februar 2014, http://www.econlib.org/archives/2014/02/lenin_the_prohi.html.
7. S. J. Taylor, „Stalin's Apologist: Walter Duranty: The New York Time's Man in Moscow" (Oxford: Oxford University Press, 1999), 3.
8. Taylor, „Stalin's Apologist", 175.
9. Ebenda, 182.
10. Ebenda, 83.
11. Ebenda, 163.
12. Ebenda.
13. Ebenda, 205.
14. Lawrence W. Reed, „A Revolution to Always Remember but Never Celebrate", Foundation for Economic Education, 16. Oktober 2017, https://fee.org/articles/a-revolution-to-always-remember-but-never-celebrate/?utm_source=zapier&utm_medium=facebook.

15. Taylor, „Stalin's Apologist", 207.

16. Ebenda.

17. Ebenda, 210, 219.

18. Robert Conquest, „The Harvest of Sorrow: Soviet Collectivization and the Terror-Famine" (New York City: Oxford University Press, 1986), 306.

19. Für eine präzise Ausarbeitung des wirtschaftlichen Austauschs innerhalb dieses Prozesses, siehe: Bryan Caplan, „Communism", „The Library of Economics and Liberty", https://www.econlib.org/library/Enc/Communism.html.

20. Um der Autorin der Kolumne gegenüber fair zu sein, muss erwähnt werden, dass es der Herausgeber der „Times" war, der den Titel ausgewählt hat. Die Studien, auf die die Autorin Bezug nimmt, betrachten Frauen in anderen sozialistischen Ländern hinter dem Eisernen Vorhang, nicht der Sowjetunion. Kirsten R. Ghodsee, „Sources for my New York Times Op-Ed – ‚Why Women had Better Sex Under Socialism'", „Harvard University Blog", 16. August 2017, https://scholar.harvard.edu/kristenghodsee/blog/sources-my-new-york-times-op-ed-why-woman-had-better-sex-under-socialism.

21. Francine Du Plessix Gray, „Soviet Women: Walking the Tightrope" (New York: Anchor Books, 1990), 34.

22. Du Plessix Gray, „Soviet Women", 98.

23. Ebenda, 20-21.

24. Ebenda, 15.

25. Ebenda, 14.

26. Ebenda, 20.

27. Ebenda, 19.

28. Ebenda, 17.

29. Ebenda, 73.

Kapitel 6

1. Vieles aus dieser Diskussion basiert auf einem kurzen Buch über die georgischen Reformen, das ich zusammen mit Larissa Burakowa für das Antigua Forum der Universidad Francisco Marroquín in Guatemala geschrieben habe. Siehe

Larissa Burakowa und Robert Lawson, „Georgia's Rose Revolution: How One Country Beat the Odds, Transformed Its Economy, and Provided a Model for Reformers Everywhere" (Guatemala: The Antigua Forum, 2013), https://www.amazon.com/Georgia%C2%B4s-Rose-Revolution-Transformed-Everywhere-ebook/dp/B00HUM-MTVO/.

2. http://privatization.ge/?page=4458065d70bc799bc0bda-be4f84d379f&ref=y2y2x2v2z2.
3. Kevin Grier, Robert Lawson und Sam Absher, „You Say You Want a (Rose) Revolution? The Effects of Georgia's 2004 Market Reforms", „Economics of Transition" 27 (2018): 301-323.

Kapitel 7

1. The Association of Private Enterprise Education, www.apee.org.
2. Frederick Solt, „The Standardized World Income Inequality Database", „Social Science Quarterly" 97 Nr. 5 (2018): 1267-81. Harvard Dataverse, https://dataverse.harvard.edu/dataset.xhtml?persistentId=hdl:1902.1/11992.
3. „Economic Freedom of the World: 2017 Annual Report", https://www.fraserinstitute.org/studies/economic-freedom-of-the-world-2017-annual-report.
4. ISO Education Department, „Where We Stand: The politics of the International Socialist Organization", International Socialist Organization, https://www.internationalsocialist.org/wp-content/uploads/2017/11/Where_We_Stand.pdf, 1.
5. ISO Education Department, „Where We Stand," 1.
6. Ebenda, 1.
7. Die Pilger-Erfahrung illustriert die Anreizprobleme von kleinen Kommunen. 1620 wurde die Landwirtschaft von Plymouth durch ein System von kommunalen Eigentumsrechten gegründet, bei denen Nahrung und Vorräte öffentlich gehalten wurden und anhand von Gleichheit und Bedürfnissen verteilt wurden. Das Ergebnis war eine chronische Nahrungsmittelknappheit bis 1623, als man private Parzellen

Land schuf und Familien dafür verantwortlich machte, sich selbst zu versorgen. Ben hat, basierend auf William Bradfords Geschichte von 1647, eine Kolumne geschrieben, auf die Sie hier zugreifen können: http://www.independent.org/news/article.asp?id=1423.

8. Ana Gonzalez-Barrera und Jens Manuel Krogstad, „What we know about illegal immigration from Mexico", Pew Research Center, 3. Dezember 2018, http://www.pewresearch.org/fact-tank/2018/12/03/what-we-know-about-illegal-immigration-from-mexico/.

9. Michael Clemens, „Economics and Emigration: Trillion-Dollar Bills on the Sidewalk?", „Journal of Economic Perspectives" 25, Nr. 3 (2011): 83-106.

10. Benjamin Powell (Hrsg.), „Immigration: From Social Science to Public Policy" (New York: Oxford University Press, 2015).

11. Christopher Coyne, „After War: The Political Economy of Exporting Democracy" (Stanford, Kalifornien: Stanford University Press, 2008).

12. Robert Higgs, „Crisis and Leviathan: Critical Episodes in the Growth of American Government" (New York: Oxford University Press, 1987).

13. Christopher Coyne und Abigail Hall, „Tyranny Comes Home: The Domestic Fate of U.S. Militarism" (Stanford, Kalifornien: Stanford University Press, 2018).

14. Roger Koppl, „Expert Failure" (Cambridge: Cambridge University Press, 2018).

15. Die Zitate in den folgenden vier Paragraphen stammen von Gilad Edelman, „The Socialist Network: Are today's young, Bernie-inspired leftist intellectuals really just New Deal liberals?", „Washington Monthly" July/August 2018, https://washingtonmonthly.com/magazine/july-august-2018/the-socialist-network/.

16. Elizabeth Bruenig, „It's time to give socialism a try", „Washington Post", 6. März 2018, https://www.washingtonpost.com/opinions/its-time-to-give-socialism-a-try/2018/03/06/

c603a1b6-2164-11e8-86f6-54bfff693d2b_story.html?utm_
term=.06ef36fc9837.

17. Elizabeth Bruenig, „Let's Have a Good-Faith Argument
about Socialism", „Washington Post", 11. März 2018, https://www.washingtonpost.com/opinions/lets-have-a-good-
faith-argument-about-socialism/2018/03/11/96d66720-
23e4-11e8-86f6-54bfff693d2b_story.html?utm_term=.ca-
5990d6e761.

eigentüm

Eigentum

und Recht

und Freiheit

lich frei